音乐润泽心灵

YINYUE RUNZE XINLING

刘　欢　邓剑云　钟小莲◎著

安徽师范大学出版社
ANHUI NORMAL UNIVERSITY PRESS

·芜湖·

图书在版编目(CIP)数据

音乐润泽心灵 / 刘欢, 邓剑云, 钟小莲著. — 芜湖: 安徽师范大学出版社, 2023.12
ISBN 978-7-5676-6454-8

Ⅰ.①音… Ⅱ.①刘… ②邓… ③钟… Ⅲ.①音乐教育—应用—中小学—心理健康—健康教育 Ⅳ.①G444

中国国家版本馆CIP数据核字(2023)第235964号

音乐润泽心灵　　　　　　　　　　　　刘　欢　　邓剑云　　钟小莲◎著

责任编辑:胡志恒　　　　　　　责任校对:胡志立
装帧设计:王晴晴　汤彬彬　　　责任印制:桑国磊
出版发行:安徽师范大学出版社
　　　　　芜湖市北京中路2号安徽师范大学赭山校区
网　　　址:http://www.ahnupress.com/
发 行 部:0553-3883578　5910327　5910310(传真)
印　　　刷:苏州市古得堡数码印刷有限公司
版　　　次:2023年12月第1版
印　　　次:2023年12月第1次印刷
规　　　格:700 mm×1000 mm　1/16
印　　　张:15.25
字　　　数:230千字
书　　　号:ISBN 978-7-5676-6454-8
定　　　价:48.00元

凡发现图书有质量问题,请与我社联系(联系电话:0553-5910315)

前　言

　　心理健康水平与人们的生产生活质量密切相关，是影响个人幸福与快乐的重要因素。作为未来社会发展的生力军，当代学生的心理健康不容忽视，甚至是社会发展中要重点维护的一个方面。在众多提升学生心理健康水平的方法中，音乐教育有其独特优势。心理学研究表明，音乐既在舒缓身心、自我建设方面具有积极作用，在中小学生心理健康教育中也发挥着重要的作用。教师要帮助学生学会享受音乐，践行音乐在中小学心理健康教育中的应用，从而更好地发挥音乐的积极作用，使中小学生拥有一个良好的心理状态。

　　当今社会急剧变革，生活节奏加快，竞争激烈，受传媒影响，处于青少年时期的中小学生面临的问题和困惑也大大增加。社会、学校、老师和家长对学生学业的期望很高，学校和家庭非常重视对学生的知识传授和智力的培养，但往往忽视了其心理的发展，从而使有些学生产生一些心理问题，如厌学、逃学、焦虑和忧郁等。鉴于音乐治疗功能和当代中小学心理健康教育的现状，本书主要探讨了音乐教育在中小学生心理健康教育中的作用，通过对中小学生心理健康状况的分析，在多元智能理论的指导下，结合音乐治疗理论，积极推动音乐教育在中小学生心理健康教育中的运用与实施，从而改善学生的心理健康状况。

　　在本书的策划和编写过程中，参阅了国内外有关文献和资料，并从中得到很多有益的启示。书中有关音乐部分的内容除第五章由钟小莲老师提供外，其余部分均由刘欢老师提供；有关心理学的内容由邓剑云老师提供。本书的出版还得到了有关领导、同事、朋友及学生的大力支持与帮助，在此致以衷心的感谢。

由于编者学识水平和时间所限，本书的选材和编写还有一些不尽如人意的地方，敬请同行专家及读者指正，以便进一步完善提高。

目　录

目
录

003

第一章 中小学心理健康教育概述

第一节 中小学心理健康教育的目标、原则和内容

一、中小学心理健康教育的目标

中小学心理健康教育的目标是中小学校开展心理健康教育的基础，也是其进行精神卫生教育的根本依据。中小学心理健康教育的目标的内涵与作用的大小，直接关系到其具体的实现方式，是教师对其进行评价的一个主要参考指标。从整体上讲，这是一个"航标"与"指南"，对其进行系统化、科学化的构建，对于我国的中小学心理健康教育工作具有重大的现实价值。中小学生一般包括小学生、初中生和高中生，大约涵盖了6岁到18岁的学生群体。在我们国家，小学生基本上处于儿童期，初中生处于青春初期，高中生处于青春期。本节着重根据不同年龄段的学生的特征探讨相应的心理健康教育的目标。

（一）小学阶段心理健康教育的目标

小学阶段，对于孩子是一个特别的时期，也是其人格发展的重要阶

段。这一阶段孩子的人格特点：在社会化方面，他们刚进入学校，必须接受正规的教育，受到校纪校规的制约；在认识上，他们逐渐掌握了规范的书面语言，思维逐渐由抽象思维向逻辑思维转变；在人际关系方面，他们开始形成同学、集体的观念，并积极参加集体活动，自觉地进行人际关系交往。

从小学生的生理和精神特征出发，针对小学生的心理健康教育我们建议：①增强其适应能力；②加强集体观念、良好的人际关系和行为方式；③培养学生学习兴趣、学习动机、学习自主感，逐渐增强分析思维能力；④培养学生开朗、自信、诚实、合群、快乐、自立的性格。

（二）初中阶段心理健康教育的目标

在个人人格发展方面，初中阶段是十分关键的。这一阶段的学生在生理、心理上逐渐发育、成长，其特点是青春期躁动，对异性产生朦胧的情感，性格逐步发展，但又不太稳定，易于产生极端的性格（例如：情绪多变而易受伤害；在遭遇挫折时易自我封闭）；在人际关系方面，不愿意和家长交流；在自我认知方面，自主性逐渐提高，但是对自己的评估还不够完善，有较强的"自我中心"意识和较低的社会适应性。

根据初中生的生理特征和精神特征，针对初中生的心理健康教育我们建议：①引导学生正确地理解青春期，多进行引导，使其平稳地度过青少年时期；②培养学生的情感调控意识，使其能够面对学习、生活的压力以及自身身体和心理上的变化；③培养学生的交际技能和人际沟通能力；④培养学生对"自我意识"的认知，以及评估自身和外部环境的能力，并逐渐增强其责任意识；⑤发展自重、自爱、自尊和自信的生活态度。

（三）高中阶段心理健康教育的目标

到了高中阶段，学生的人格特点：情感逐渐趋于平稳，价值观逐渐成形，自信心和思考能力逐渐提高，逐渐向成年人靠拢，具有较强的社会责任心。人际关系方面，有更广的交际范围，有与朋友、异性、父母交流的能力；学习上，有很大的学习压力，面临就业或者升学问题；在自我认识方面，有更强烈的自觉性和自控性，并注重自身发展问题。

根据高中生的生理和精神特征，针对高中生的心理健康教育我们建议：①引导学生在学习和生活中正确地应对所遇到的问题，使他们能够在今后择业中有较强的适应能力；②加强其与他人的沟通能力，促进其交际技能的形成；③使学生在学习、人际交往、情感世界和自身发展方面具有较强的自知之明和责任心；④加强学生人格情操、人格素质的建设，提高学生的自觉性和自律性。

二、中小学心理健康教育的原则

在开展中小学心理卫生工作时，应坚持心理健康教育的基本原理，确保其实用性和有效性。中小学的心理健康教育理念是教师对其工作的归纳和经验的总结，它是按照学校的精神卫生工作目标而制定的。在进行中小学的心理健康教育时，应遵循下列几条基本的原则。

（一）保密性原则

"保密性原则"是指在进行心理健康教育时，教师必须对学生进行单独采访，并对其进行严格的保护和道德上的维护。这是促进学生自由表达、教师与学生之间互相信赖的一个先决条件和心理依据。要对采访和学生的有关信息保密，不得透露学生的姓名、班级、联系方式等，并且要确保被访问者不会因此而受到排斥。只有通过这种方式，才可以让学生从心理上摆脱怀疑，打开自己的心房，讲出事实，并且很快地鼓舞自己，使学生树立战胜困境的自信心。当有信息泄露的情况发生时，要尽量降低泄露的程度，避免泄露范围扩大。

在遵循该原则时，要考虑以下几个问题：①加强教师的专业素养。遵循保密原则是教师的专业素质要求，也是其重要任务，因此，教师既要具备相应的职业素养，又要具备较强的责任心和敬业精神。②尊重学生。教师要尽量避免把被访问学生的情况用作课堂教学和研究的例子，以免暴露学生的"秘密"。如果因工作需要必须使用学生的个案，则应在不透露学生姓名、班级等资料的基础上使用。

（二）教育性原则

"教育性原则"是指教师在进行心理健康教育时，应针对不同的实际状况，对学生进行正面引导，并时时注重培养其主动性，使其形成正确的世界观、人生观、价值观。中小学心理健康教育的目的是实现学生个性的健全与和谐发展，使其能够更好地满足学生的发展需求。所以，中小学的心理健康教育必须充分反映社会主义精神文明的特点，适应社会的发展和进步，在潜移默化中完善其人格。

在实践中要注重以下问题：①加强学生的思想和政治观念建设。中小学生的心理健康教育工作既要从学生的实际心理特点出发，又要着眼于其今后的发展。在中小学进行心理健康教育的过程中，应坚持以马克思主义为指引，强调先进性、时代性、方向性，从而达到改善学生精神卫生、增强学生心理素质、促进学生身心协调发展的目的。②将心理健康教育与校园道德建设有机地联系起来。其实，心理健康教育工作和道德建设工作是相互联系、相互促进的。但要避免将二者混淆，也不能将其等同起来，更不能将心理健康教育单纯地归类为思想道德问题。③注重积极的教化工作。如运用多种方法对学生进行正面激励，积极地指导他们，使他们在成长的道路上能够成功地渡过难关。

（三）预防、发展重于矫治原则

"预防、发展重于矫治原则"包含三个层面：①预防。它的作用是使学生在接受心理健康教育、提高其心理卫生意识、学习心理卫生知识的基础上，学会应对情绪、人际关系、学习等方面的各种问题，减少疾病的发生，从而达到防患于未然的目的。②发展。指的是要使学生学会正确地认知，正确地理解自己与别人的差异，积极调整自己，提高自己的社交适应性和情感调控能力，并能够用积极的态度对待自己的学习和人生。③矫正。就是对某些有心理健康问题的学生进行调整和矫正，以减少其紧张、焦虑、恐惧、自卑感等不良情绪。对学生的心理健康教育工作应该先于其发展，这是由于相关工作是面向所有学生的，在开展时，应着重培养和保持学生良好的精神状态，而非针对有心理健康问题的学生进行矫治和处理。

在遵循该原则时，要注意以下几个问题：①及早进行心理卫生宣传。在全面实施素质教育的同时，加强学生的心理卫生工作。此外，教育部也明文规定，中小学要将心理健康教育课纳入校本课程。教师要在中小学生的心理发育还不健全的重要时期，及早进行心理健康教育，使其向良性、健康的方向发展，形成良好的个性，增强社会适应性，从而有效地推动其精神的发展。②用积极的心态进行心理健康教育。在学校开展的心理健康工作中，教师要积极参与，在学生发生心理问题前就进行筛查、宣传和教育。在教学过程中，教师要引导学生积极地寻求解决问题的方法，避免遇到问题的时候采取消极的态度。③教师要用发展的眼光看待学生。每个人的思想都在发展和改变，精神潜力都很大，所以，教师要培养学生的可持续发展理念，从辩证的角度来看问题，而不要用"老眼光"来对待学生。

（四）全体性原则

"全体性原则"是指心理健康教育工作针对的是全体学生。心理健康教育工作的实际情况表明，只要我们做好了所有学生的心理健康教育工作，就能够有效降低学生发生心理健康问题的概率。

遵循该原则的基本要求是：①中小学心理健康教育工作针对的应该是广大学生的共性问题。要想让心理健康教育工作落到实处，就必须根据不同年龄阶段学生的特点和心理需求，有针对性地选取大部分学生感兴趣的话题，并将心理学的相关知识渗透进去，以整体教学的方式，让学生在参与的过程中增长心理知识。②在工作中要充分利用集体的力量。在开展学生的心理健康教育工作中，不能忽略学生群体的作用，这种力量是非常强大的，如果利用得当，将会极大地促进工作的实效性。在实践中，应充分发挥心理学爱好者的主观能动性，将他们组织起来，积极参加各种形式的心理健康教育，使更多的人通过这种方式来表达、交流、感受。

（五）差异性原则

"差异性原则"是指在心理健康教育中注重学生的个性特点，注重根据学生的具体状况进行针对性的教学。即在心理健康教育的整个活动中，既要让所有学生都得到进步与发展，同时也要把握不同学生的心理状态，提高教育效果。所以，在心理健康教育工作中，不仅要面向所有的学生进行心理辅导，还要有针对性地进行个性化的心理咨询与指导。要实现这一目标，就需要根据实际情况进行具体的剖析，个性化地处理每个学生存在的问题，这样，我们就可以更好地为所有的同学服务。

在实践中应考虑以下问题：①理解不同学生的情况。学生的个性是进行个性化教学的基础。对学生进行心理卫生的宣传，既要认识其通用性，又要认识学生的个性与差异。对于个别有心理健康问题的学生，应仔细剖析问题的成因，以保证所掌握资料的真实性和完整性。②对不同的学生采取不同的处理方式。不同的学生有不同的特点，会对其产生影响的因子也不同。所以，同一个教学项目对每位同学都会有不同的效果，也就是说，同一类型的指导方法并不是对每个学生都适用。因此，要从整体上系统地剖析学生的性格特点，找到合适的应对策略，从而达到事半功倍的效果。③注重案例分析。案例分析是注重个体差异的一种教学方式，以典型的、特殊的学生为研究对象，进行长期、系统的研究。案例研究应注重数据的累积、问题的深度剖析以及对案例的持续总结。只有通过这种方式，我们才可以找到问题的成因，从而有效地发挥案例的教育作用。

三、中小学心理健康教育的内容

（一）小学阶段的心理健康教育内容

处于儿童期的学生神经系统发育较快，他们较幼儿能够更细致地对客观存在的东西进行分析和整合，更容易调节和掌控自己的行动。因此，在小学阶段，学生不仅可以获得更多的知识，还可以进行更高层次的行为培训，而且可塑性也更高。这是养成良好行为习惯和个性的一个关键时期。另外，按照皮亚杰认知发展的阶段学说，小学生处在具体运算阶段，逐渐由自私化向社会化转变。他们从幼儿园走进校园，生活和学习都会发生改变。在此阶段，通过对学生进行交际技能的训练，使其能够更好地完成新的任务，从而防止其产生心理问题。所以，在小学生的心理健康教育工作中，应着重于加强学生学习习惯的养成；在日常的教学中，注重对学校的各种规章制度的严格执行，养成优良的行为习惯；在社交方面，使学生能够更快地融入新的社会生活中，实现他们的角色转变；在人格发展上，重点在于增强学生的自觉性，培养良好的意志力和开朗的性格。另外，全面评估和甄别小学生的心理健康状况也是一项非常有意义的工作，如有问题，要及早有针对性地辅导或干预。

埃里克森的心理发展学说认为，6—11岁的孩子处于"勤勉与自卑"的状态，所以，该时期的心理健康教育工作应包含以下几方面：在学业方面，使学生学会正确地进行学习；平时要注意养成良好的生活习惯，学会合理安排自己的时间和生活，掌握一定的生存技巧，发展自己的自理能力；在人际沟通方面，主要是要加强与同学的友好相处，并注重培养学生的集体观念；个性上，重点发展学生积极向上的情绪、活泼开朗的个性以及自觉顽强的意志品质。

（二）初中阶段的心理健康教育内容

初中是儿童期和青春期的身心转型期，是学生的第二个反叛期，学生的精神状况呈现出一种不稳定的变化。这个阶段学生的特点：在思维上，初中生的思维已经发展到形式运算阶段。在情感上，尽管比小学生更加丰富，但是不太平稳，并且容易冲动。在自我认识上，急需认识自己，而对自身认识的缺乏使其产生强烈的矛盾。在学业上，学生间的竞争将会更加激烈，因而，学习上的紧张感也随之而生。在社交方面，尽管个体的自主性不断提高，但对同龄人的依赖却越来越强，他们迫切需要一个广阔的社交网络来获得认同。所以，初中阶段的心理健康教育的内容比小学要丰富得多。这一时期的心理健康教育工作主要有：在学业上使学生学会处理学业和生活上的各种压力；在日常的生活中，要加强早期教育，使其养成良好的生活习惯，具备一定的生存技能，从而增强其自立的能力；在社交适应性上，重点在于培养学生的社交适应性、人际交往能力，让学生对社会的客观认知更加完善，同学之间和谐相处；在个性上，主要是让学生对自己有一个准确的认知，树立正确的人生观和价值观，并用一系列的心理测试和调查问卷来帮助他们理解自己的个性、能力和兴趣，从而为自己将来的人生发展做好准备。

（三）高中阶段的心理健康教育内容

高中生在学业上面临较大压力，他们的精神发展尚处在"自我认同与人格混淆"的时期，因而在这一时期，其心理上的紧张和矛盾尤为明显。高中生的身体和心理发育逐渐趋于成熟，他们对获得社会的认可有着强烈的渴求，但是他们缺少社交经历，判断力有限，因而在社交活动中往往受到不良因素的影响。为此，对高中生进行心理健康教育的方面有：引导学生进行压力调节，树立正确的人生观，并在学习的过程中，强化对生活技巧的培养，以适应未来的社会发展。同时，应强化情感与性观念的宣导，以使学生能够理智地处理与异性的关系。

在社会适应性上，要强化对学生社交技巧的培养，以促进其良好社会适应性的形成。在个性发展上，主要使学生树立正面、健康的价值观念，培养其对挫折的承受力，从而实现个性健康发展。

第二节　中小学心理健康教育的途径

一、中小学心理健康教育的渗透途径

（一）学科教学渗透

基础教育课程自身包含着大量的心理健康教育资源，而在学校的教学中各学科教学以其特有的方式按部就班地进行着，因此，以"学科渗透"的方式进行心理健康教育是十分可行和必要的。在渗透中，应当以课程自身的内部规范为主，以学生的心理健康教育为辅，注重心理健康教育渗透的适切性，力求实现课程的"线性化"。在班级的管理上，应结合学生的需要，采取适当的管理方式，力求在课堂上创造良好的学习气氛。此外，渗透要遵循有机渗透、适度渗透、灵活渗透等基本规律。

1.心理健康教育在主题课程和教学中的应用

（1）心理健康的教学内容与专业的教学内容

社会科学类的学科（如语文、英语、历史、地理、道德与法治等），涉及丰富的观察、想象、逻辑推理等心理能力，而心理能力的培养是保持心理健康的重要途径。其次，生物、数学、物理、化学等自然科学类学科的学习，不仅需要记忆、思维等知识，还需要多种心理素质的支撑。此外，音乐、美术、体育等学科所包含的精神卫生知识更加丰富。

（2）心理健康的课程开发

师生关系、教师教学观与学生观、学生竞争与合作、课堂气氛、课堂管理模式、课堂秩序、课堂表扬与批评、教师处理课堂教学问题、教师对学生的心理发展及心理卫生状况的显著作用，以上种种，都是心理健康教育的内容。

2.在学科教学中实施心理健康教育的对策

（1）注重有机渗透，不脱离，不突出

要从课程的特定内容和可供使用的各种资源中找到合适的渗入点，以达到渗透的目的。在课程中渗透心理健康教育的第一个原则就是"顺其自然"，即"必要时一定要渗透"，但不能过于强硬地渗透。

（2）应注重适当的时机和适量地渗入

要结合实际的教学和课堂实际状况，采取适当、适量的原则。通常，在课堂上，提倡在一定的时间内进行分散式的有机教学。在渗入过程中，要充分认识到学生不同阶段的不同特点，尽可能地兼顾不同水平的学生的接纳程度和渗入程度，并不断收集他们的动态资料，及时地进行渗透。

（二）德育管理渗透

1.将心理健康教育渗透到道德建设中的必要性

在课堂教学中形成一个良好的班集体氛围，促使学生形成良好的人格，养成良好的道德品质，增强社会适应性。班级集体活动的形式多样，如竞赛、班级联谊、集体劳动、外出旅游等，如果我们将其与学生的心理健康教育相结合，就可以通过这种活动培养他们的情感，锤炼他们的意志，提升他们的生存和社交能力。心理健康教育还可以融入团队工作，比如一些学校通过电视台、通讯社以及板报、广播等多种媒体，开设专题栏目，引导同学们学会处理人际关系、学会处理自己的情感、遇到问题时知道怎样求助等。组织诸如"手牵手""集体选举""主题队会"等多种小组活动，使学员在学习与他人配合、增强自身素质的同时，还能够克服消极情绪，促进正确心理健康理念的建立。

2. 将心理健康教育渗透到道德建设中的方式

（1）中小学心理健康工作的实施方式

中小学必须切实落实《中小学心理健康教育指导纲要（2012年修订）》《中小学生守则》《中小学生日常行为规范》，并开展升国旗、宣传时事等活动，开展各种节日宣传、表扬和批评活动，并组织开展心理健康主题会、主题活动等；学校要注重日常的管理工作，营造干净美丽的校园面貌，营造一个优良的教学氛围。

（2）在德育中进行心理健康教育的方式

德育是对全体同学进行定期的道德修养的教育。班主任是学校德育队伍的重要组成部分。在班级管理中，班主任要充分认识学生的组织与发展能力，积极开展各项教育教学工作，强化班级管理，认真做好个别同学的思想工作，营造良好的班风。同时，要协调班级委员会、团委、学生会、各科教师、家长等班级的各类教育教学资源，确保教学工作的连续性。

在班级管理中，可以通过多种方式进行心理健康教育。比如，举办心理学专题班会，就学生的特殊问题进行访谈，实行班委会制，组织学生交流学习模式并定期评价，在集体劳动中锻炼学生的责任感，在文体娱乐活动中培养学生的真性格，在社区服务和社会实践中培养学生的爱心、友善和忍耐力。

（3）将心理健康教育渗透到学生群体工作中的方式

共青团、少先队、学生会在学生思想政治工作中有重要作用。团、队、会要按照自己的职责和工作的性质，利用自身的优势，通过健康、生动的活动，将青少年群体拉到自己的身边，完成课程的目标。要使学生具有崇高的理想和高尚的品德，要让他们学会自我教育和自我管理。

（4）将心理健康教育渗透到学生自身活动的方式

通过在校园内开展多种形式的教学活动，培养学生的自主探究能力，培养他们的学习能力。要提倡学生自主设计、组织、评价，而不必过分担忧学生的自我组织能力和自我管理能力，要做到"放手""放权"，让学生当组织者，而教师则要适时指导和提供帮助。但是，中小学生因为其自身的条件限制，不具备独立的民事行为能力，在解决问题、分析问题等方面存在不足，所以，教师要做好引导和参与的工作，在问题出现后，要适时地进行适当的引导，但不能过分干预。

3.音乐课中的心理健康教育

（1）在音乐课中进行心理健康教育的功能

①塑造和培育良好的情绪。在当今这个科技迅猛发展的时代，学生们所能接触到的音乐作品也日益增多。然而，这些音乐种类繁多，质量参差不齐，学生因缺乏社会经验，很难分清这些音乐作品的良莠。因此，把心理健康教育融入中小学音乐教学之中，可以使学生认识到什么是好的、什么是坏的，以此来陶冶他们的情操，培育他们的良好情绪。

②有助于培养学生的世界观、人生观和价值观。把心理健康教育渗入音乐教育之中，可以使学生的思维朝着积极、健康的方向发展，使其形成正确的世界观、人生观和价值观。

（2）将心理健康教育融入音乐课堂的实践

苏联著名教育家苏霍姆林斯基曾经说过："情感的纯净，就是养成崇高品德的根本，而这些情感就是由音乐和歌曲所培育的。"学生的思想很单纯，内心也很纯净，因此，在教育的时候，我们应该利用音乐课堂培养他们的优良品德。

①榜样式教学。教师的一言一行会在不知不觉中对学生产生作用，言传身教的教学方式更为重要，理论的教学要伴随着榜样的引导才会起到很好的作用，所以教师要做到言传身教。

在课堂上，教师要关注自己的穿着是否得体，举止是否优雅，行为是否端庄。在课堂中，教师力求表现出良好的教学姿态，采用充满热情的言语和整洁的板书，以自己的形象作为表率，潜移默化地影响学生。

②运用各种教学手段把心理健康教育渗透到课堂中。在音乐课上，我们要仔细地组织好每一个环节，采用多种不同的教学方式。如情景式教学，在讲解每首乐曲之前，首先要讲解创作的时间、过程以及创作背

景。再比如分组讨论，在教学过程中，我们除了讲授，还可以给学生分组，让他们以团队的形式表演自己的作品。通过团体学习，使学生能够深刻地体会到作品所传达的团结、合作等积极向上的精神能量，进而在不知不觉中升华自己的品德。

③挖掘音乐作品中的教育元素。在音乐教科书中，许多作品都带有强烈的时代感，对于培养学生正确的人生观有着重要的指导意义。作为音乐教师，我们应该主动寻求与实际相结合的方式，发掘作品中所蕴含的道德教育元素，将心理健康教育融入实践活动之中。比如，在学习《儿行千里母担忧》后，可安排家庭任务，让学生回家和妈妈多交流，或是帮妈妈做家务，然后要求每个学生都要做一份关于妈妈的记录。此举旨在丰满学生心中妈妈的崇高形象，使他们真正体会到"孝"的重要性。

总而言之，在音乐课上，音乐教师要注重道德教育，对学生进行心理辅导，陶冶其情操，促进其身体和心理的全面发展。

（三）课余活动渗透

"课余活动"是指在教室以外，由校内或校外机构组织的一种以辅助课堂、实施教育政策为目的的教育方式。其内容包括科技活动、艺术活动、社会活动等。课余活动是在学生得到休息的基础上，发挥其潜在能力，宣泄其精神压力，同时也是教师进行心理健康教育的绝好平台。在学生的课余生活中开展心理健康教育是一种有效的途径。

在不同的课余活动中，原则、方法、措施和效果都不尽一致。在科学技术实践中，应注重师生协同、启发创造、开放性等基本原则，运用综合实践、创设情境法、灵活应变法等方法，以达到使学生促进学习、开发潜能、认识自我的目的；在艺术活动中，要注重全程美化、联系生活，善于引导，并辅之以巧用时机法、寓教于乐法、潜移默化法，以达到优化情绪、化解心结、满足爱好、学会休闲的目的；在社会活动中，通过对目标合理的设计、与实践相结合、适当控制和综合教育等多种途径来实现教育目的，以体验法和沟通法为基本途径，培养学生的责任心，强化服务观念，明确精神追求。

二、中小学心理健康教育的辅助途径

（一）强化学校心理健康教育工作的组织和管理

在中小学，心理健康教育工作是一项不可缺少的工作，不是一种装饰品，也不是表面文章，因此，各级领导要认清形势，提高认识，明确责任，采取有效措施，对中小学心理健康教育工作给予大力支持和引导。

在学校，要构建以校长牵头，各职能单位共同参与，以专职心理健康教育工作者为骨干，逐渐形成以专（兼）职心理导师为骨干，班主任、团队干部和相关学科教师等为主体，全体教师共同参与的心理健康教育工作体系。教师要根据教育的具体情况，采取各种方法，确保学生的心理健康教育工作顺利开展。

中小学应把心理健康教育工作纳入每年的工作规划中，把心理健康教育工作融入学校的教育和教学工作，使其逐渐步入制度化、科学化、规范化的发展轨道，制定并逐步完善心理健康教育的考核标准与评估方法。

（二）加强心理健康教育教师队伍建设

中小学心理健康教育工作是一种高度专业化的工作，需要加强师资队伍建设。根据学生的比率，制订相应的教学计划，并逐步配备专职的心理健康教育师资。各中小学应至少有一位全职或兼职的心理健康教育工作者，并逐渐增加专业人员的比例，由学校整体编制，统一安排。

学校应转变以成绩为导向的思想惰性，以课程评估为主导的评估体系，要加强对心理健康教育教师的培训，使他们享有与其他教师相同的福利，帮助他们完成职称评聘、工作量折算和评优。对于优秀的教师，可以优先外出进修、培训、参加各种学术研讨会，优先参与各种评先、晋级等，以使更多的教师参与到心理健康教育工作中来。学校要加强对学生的心理健康问题的调查，要结合当地的具体情况编制校本教材，并对相关教师进行物质和精神上的激励，以激励他们的工作热情。

加强心理健康教育工作的针对性和有效性。每年，校方组织一次以上的心理健康教育工作座谈会，以表彰优秀的教学实践成果和研究结果。

（三）关注教师心理健康

1.教师心理健康问题的产生

教师作为"人类灵魂的工程师"，面对的职业压力越来越大，其心理健康问题也是日益凸显。

教师的心理健康问题主要有：工作不能适应；烦躁，忧郁，紧张，焦虑；工作疲劳、精神不安；情绪不好，师生关系紧张。

许多学者认为，教师的不健康心理会导致教学活动不当，从而给学生带来负面的心理冲击，引起"师源性的精神创伤"。

"师源性精神创伤"是指教师的心理健康状况较差而对学生身心健康产生负面作用。授课僵化，教育水准不高，教育方式过于简单、不合理等原因，致使学生产生厌学、注意力不集中、焦虑、恐惧等心理问题，给学生心理带来一定的伤害。相关的调查表明，"师源性的精神创伤"是由教师自身的问题引起的，若没有得到有效的调节，将会给学生的身体和精神发展带来严重的消极后果。

加强对广大中小学教师队伍心理健康的了解、提高教师的心理健康水平，是当前提高师资队伍质量的迫切需要。

2.强化教师的心理健康工作

从一定程度上说，教师的心理问题是社会问题在教师身上的一种折射。在学校的领导下，可以开展为教师的心理健康服务的活动，旨在为教师的学习、生活、工作等提供服务。

因此，有必要建立教师之家、联谊会、教师俱乐部、教师成长训练班、教师心理氧吧、教师心理热线、网络心理咨询等教师心理支持系统，帮助教师及时缓解心理压力，消除心理困扰。同时，也可以对在岗的教师进行心理健康状况的评估，并进行动态的观察，有目标地组织专家讲座、团体心理辅导、个体心理辅导，指导教师寻找适当的方式来减轻心理上的紧张情绪，增强心理素质，从而促进身心健康的发展。

第三节　中小学团体心理辅导

一、中小学团体心理辅导的基础

（一）团体心理咨询是什么

团体对于个人的发展具有重要的作用。人类是群居的生物，从一出生就隶属于一个群体，即家庭，他们大多数的需求在家庭中得到了满足。然后逐渐进入社会团体、学校团体、同辈团体、朋友团体、工作团体，诸如此类。没有团体，人们的许多需求——安全感、归属和爱、尊重无法得到充分的满足，便会引发身体和心理上的种种问题。然而，在不健康的团体中，也会引起儿童身体和心理上的种种问题——有矛盾的家庭容易引起儿童对亲密关系的畏惧，而在有暴力行为的家庭中，容易引起儿童的自卑、敏感。美国精神医学大师欧文·亚隆表示：人类的烦恼都来自个人之间的矛盾，而最好的办法就是通过集体的力量来加以消除。团体心理咨询是一种治疗的方式，可以治愈我们在感情上受到的伤害。

1.团体心理咨询的界定

"团体心理咨询"是指在团体环境中进行的一种心理咨询，通过团体内部的相互影响，促进个人通过观察、学习和体验，认识、探讨、接纳自己，调节和改进与别人的联系，建立新的态度和行为动机。小学生和中学生的成长困惑和心理问题相似，因此，在中小学进行团体心理咨询是一种良好的心理健康教育方式。

2.团体辅导和团体心理治疗

在对中小学生进行团体心理辅导时，要区别团体辅导和团体治疗这两个相似的观念。

（1）团体辅导

团体辅导针对的是普通的学生，是一种预防性、发展性的工作，目的是预防学生在各发展阶段中会碰到的各类问题所引发的一般性困扰。由于其涉及面比较广，牵涉的问题也比较多，需要在专门机构的指导下进行，通常会连续进行几次。

（2）团体心理治疗

团体心理治疗通常在医疗单位进行，以有心理疾病的患者为目标，是一个长期性的过程。如果学校的心理辅导员发现有学生存在严重的心理问题，应该向相关的卫生保健部门寻求帮助。

（二）团体咨询与个别咨询

团体咨询和个别咨询是两种主要的心理咨询形式，它们既有共同点又有差异，有各自的优点和缺点。

1.团体咨询与个别咨询的联系

（1）类似的目的

二者均有助于学生认识自己、接受自己、提高信心、克服自身的心理问题。

（2）类似的气氛

二者都注重构建学生愿意接受、自由、尊重、包容、温暖的氛围，卸下学生的心理防御，探究学生的内在矛盾，提高学生的自主选择能力和责任感。

（3）使用类似的技术

二者都可通过接纳、共情、情感反射、澄清等技术来实现对学生的认识和理解。

2.团体咨询与个别咨询的区别

（1）不同的影响因素

在个别咨询中，仅有咨询师与咨询者进行交流，而对咨询者的作用则以咨询师为主。而团体咨询则是指一个咨询师与多个小组的成员共同参与，通过团队内人际交互作用对个体产生影响。

（2）不同的应用目标

个别咨询因其保密性好、个人关注时间长、安全性高等特点，适合有严重心理健康问题的学生。团体咨询可以为有人际关系困扰、需要学习社交技能的学生提供充足的学习和回馈信息。

（3）技巧不尽相同

个别咨询主要是运用个人辅导技巧，但团体指导有其特有的技巧。由于团体咨询环境下的成员之间的交互是非常复杂和变化的，咨询师需要对团体的整体运作、成员的思想感受、成员之间的相互影响进行观测和研究，并利用团体的力量从各个层次介入，如联结、激励、保护、调停等技巧，这是团体咨询所特有的。

二、中小学团体心理辅导的方案设计

在进行团体心理辅导前，要针对团体和成员的特点、目标、时间、地点、次数等进行设计。团体辅导计划就像一个团队的罗盘，引导团队达成预定的目的。

（一）制订团队心理辅导方案应考虑的因素

在筹备团队活动前，一般必须思考下列问题：

Why（目标）：为什么要组建这样的团队？有何目的？

Whom（对象）：什么样的学员？他们多大年龄，有什么特点，有什么问题？

Who（分工）：由何人负责管理、招募组员？要谁来协助？由哪位领导小组？顾问有没有这样的工作经历？

When（时间）：活动进行几次？一次多久？何时开始？

Where（地点）：在什么地方举行？什么类型的运动适合该场所？有没有备用场地？

How（计划）：如何招募，如何宣传，如何管理？

How much（物资与预算）：需要多少人力、财力、物力？由何人来供应？

If（如果）：什么是特别的情形？怎么处理？

Evaluation（评估）：怎样评估团队心理辅导？团队绩效是怎样评估的？

（二）团队心理辅导方案的编制

团队心理辅导方案是团体运作的基础，必须描绘清楚，包含团体性质与名称、团体目标、团体领袖、团体规模、团体活动时间与频率、团体活动地点、理论依据及参考资料、团体评估、团体活动流程等。

1.团体名

团体名应与团体宗旨相统一，与团体特质相适应且新颖、生动、富有魅力，并能反映出团体人的发展内涵。为吸引学生参与，防止学生有"有问题的人才参与"的心态，团体名称往往不会有"团体辅导"等字眼。

2.团体领袖

团体心理辅导方案中应当说明团体领袖的基本信息。他们的工作经历和团体的要求相符吗？有没有接受过相关的培训？领导团体的经历怎么样？……如有需要，团体领袖亦可聘用有丰富团队辅导经验及受过专业培训的专业人士，或邀请其他团队成员作为团队观察员，给予团体领袖更多的客观回馈与指引。

3.团体成员

团体成员的选择包括年龄、性别等基本特征。很多学者都认为，参与集体活动的孩子年纪相差不能大于2周岁，相差两岁以上的孩子在身体和心理上的发展也会有很大的差别。

学校组织的团体，成员可能是同一性别，也可能是不同性别。在不同的团体中，要特别留意男女比例必须相当，比如8个人的团体中同一性别的不要少于3个，如果少于3个就会被认为是一个孤独的团体。

招募成员时需遵循两个原则：一是通过一定途径，找到合适的成员，如班主任推荐，家长代报名，个别辅导、团体辅导教师与学生接触，发布广告等；二是要征得学生和家长的同意，有些情况下，家长和学生都会拒绝参与（比如出于隐私考虑），可以通过沟通争取学生参与。

选择成员时，还要看学生的个人需要和目标与团体是否契合，会不会给团队带来危险，以及加入团体会不会对其产生不利影响。在甄别时，通常会采取个人访谈的方法，收集年龄、性别、心理问题、家庭关系、团体及顾问的期望与意见等资料，借由上述资料，判断他们的心理发展水平、心理问题是否适合团体。在进行筛查时，还可以使用一些辅助的测试。

4.团体规模

团体规模的大小会对团体的运作产生一定的影响，如果团体的规模过大，人员数量过多，那么组织活动的内容就会减少，成员之间的互动也会受到很大的限制；团队领导人很难对每个成员进行观察，团队的交流不够充分、不够深入，团队不易形成，即便形成团队也很脆弱。

学术界对心理咨询群体的大小做过很多的探讨，普遍的观点是，团队的最低限度是5人，低于5人就没有积极性，而且会给成员带来很大的压力；最大限度为10人，超过10人的团队太过繁杂，很难兼顾。

5.团体活动的时间

团体活动分为两种：一种是连续的，一周1到2个小时。如一个小组共有10个项目，每个星期90分钟。一种是集体组织，比如短期的高强度团队培训，例如每周两天，组织共12个小时的集体活动。

一般而言，针对中小学生的团队活动，应从寒暑假和学生的体力等方面考虑，8～15次比较合适，一星期1～2次，一次1.5～2个小时。而对低水平的学生来说，活动的时长可以减少到1个小时或30分钟。团体活动的时候要结合老师和学生的情况，确保他们有良好的心态。

6.团体活动的空间

团体指导必须在无干扰、安全的环境下进行，所以对于场所有特殊的规定：不受干扰、安全；团体外的人不能看到或听见室内的动静，室内的人也不能看到外面令人心烦意乱的人或东西；可以关好门，不允许外人进出；内部的空间越大越好，座椅可以随意移动，没有任何障碍，可以让人在静止的时候坐在一起聊天，互相看着对方，而在运动的时候，可以把座椅搬开，给成员提供足够的空间。有些训练房用地毯或海绵垫子，学生可以在地板上坐下来进行集体运动；房间内的装修要简单、温暖，没有其他让人心烦意乱的东西，房间里的灯光和气温都要合适。空间的布局要充分考虑到学生的年龄特征。

（三）单次团体活动设计要点

1.准备工作

热身运动有助于团队成员更好地融入团队，并能缓解团队的紧张气氛，增强成员的合作意识。有很多活动可以用来做预热，例如：上一次的活动内容，成员发生的重要事件，最后一次训练，这些都可以帮助强化成员之间的关系，强化团体的作用。又或是介绍"微笑握手""刮大风""小松鼠和大树""天气预报""三部曲"等组织形式的热身。

热身运动不要做得过久，通常为10~20分钟，否则会本末倒置；同时，热身的间隔也不能过短，否则团队很难坚持下去。开始的时候，成员们并不十分了解，可以进行较多的热身运动；大家熟悉后，就可以缩短热身的时间。

2.团队的重要活动

团队的重要活动的设置应注意以下几个方面：一是紧密结合整体的目标，以达到团队合作的目的；二是以团队工作为中心，工作时间通常比较长，占整个工作的一半多；三是层次分明，从浅到深，引导成员逐渐适应与发展。

3.终止活动

在团队活动结束前5到10分钟，进入最后的环节。在组织型群体中，通常不宜深入讨论消极心理问题，而应回归到浅层次的、积极的心理交流状态。最后一项可以让成员们检讨这一次活动所经历的事件，并对他们的得失作出评价，或者安排活动以外的任务来预示下一次活动的主题；也可以用一些简单的、令人愉悦的方式来完成集体的表演，比如唱歌、跳舞，互相鼓励。在完成最后一次团队活动之后，对成员的得失进行评价。

第四节 中小学个别心理辅导的技术

一、建立咨询关系的技术

咨询关系是教师与学生之间沟通的开端。师生建立了良好的咨询关系，可以获得较好的辅导效果；没有良好的互动，个别心理辅导是行不通的。要使学生感受到温暖、理解、真诚、积极关注，这是建立良好咨询关系的需要。

（一）尊重

尊重是指在价值、人格、尊严等方面给予学生平等和民主的对待，并将学生视为有自己思想感情、内心体验、生活追求、个性和自我意识的人。尊重能唤起学生的自尊心和自信心，使学生在教师的尊重中感到自己是被重视的，并学会尊重别人。

在咨询关系中，教师对学生的尊重是很关键的，学生将教师视为心中的权威，很可能会产生崇拜和服从的心理；反之，学生则会产生逆反、叛逆、不信任的心态。要让学生向教师倾诉自己的心理问题，首先要使他们觉得自己是被尊重的、被重视的。心理教师可以从下列几个角度把握：

1.尊重是指无条件地接受学生

尊重就是要珍惜学生的内在经验和生命态度，接纳他人，不仅要接受他们正面、光明、正确的一面，同时也要接受他们消极、灰暗、错误的一面。接受并不意味着辅导教师对来访学生的意见和行为表示赞同，而是表示理解。有的学生心理方面的问题会使其表现出"恶劣"的一面，比如不爱护公共物品，与同学相处不融洽，自卑、缺乏自尊心、不爱学习。身为一名教师，要引导学生，了解他们行为产生的原因，进而寻找解决问题的办法。

2.尊重是指一视同仁地接待来访学生

虽然教师与学生的角色有所不同，但当来访的学生觉得被尊重的时候，他们就更容易表达自己，真实地分享自己的问题和感受。此外，尊重还表现在对待来访者时要一视同仁，不会因为他们的长相、性格、出身、成绩而歧视他们。

3.尊重是对来访学生的个人隐私的保护

心理咨询涉及很多个人信息，因此，保障个人的隐私是学生信任辅导教师、开放自我的一个重要条件，也是教师对学生的尊重。对于学生不想讨论的问题，辅导教师不能强求，要有足够的时间和耐心，并尊重他们的人格。

4.尊重通过言语和行动表现出来

要尊重来访学生讲话的方式和语速，不插话，不强迫。肢体语言也是表达尊重的一种方式，如对来访学生表现出诚恳的态度，并以点头表示在倾听，并鼓励其接着说，同时面向来访学生，不跷脚，不晃动双脚，不做任何不必要的动作，专心倾听，并以诚恳的态度回答问题。

（二）共情

共情是一种能力，也是一种情感沟通方式，辅导教师将体验与感知置于一旁，而代之以对来访学生的体验与感知。当辅导员体验学生的思想和情绪时，感受就会变得更加强烈，更加长久。共情是指心理教师与来访学生之间建立起的一种情感共鸣和理解。"共情"包括三个阶段：第一，要进入他人的心田，亲身体会其思想、感觉；第二，要深入地体会别人的感情，通过自己的经历和专长来了解别人的心态和问题的本质；第三，心理辅导教师将自己对于心理问题的认识传达给来访学生。

在心理咨询过程中，共情对教师的作用是非常大的：第一，教师能更好地了解来访学生，了解他们的内心世界；第二，借助共情，使来访学生感受到被了解与接受，并获得满足感，乐于敞开心扉地畅所欲言，有利于与他人进行良好的交往；第三，共情能促使来访学生进行更多的自我表现与探究，使两人之间的沟通更加顺畅；第四，很多来访学生急需有人倾诉、得到他人的理解和关怀，共情让咨询效果更好；第五，共情能使来访学生了解自己，了解周围的人，并能帮助他们建立一个良好的关系。

（三）诚意

诚意能给来访学生提供一个安全可靠的环境，让来访学生能够敞开自己的内心，表达自己的软弱、无助和失败。同时，教师的诚意也给来访的学生树立一个很好的榜样，让他们学会坦率地去表达自己的情感和思想。

诚意并不代表真实。虽然心理教师的行为都是为了帮助来访学生解决问题，但对于一些来访学生的心理健康问题，他们可以采取更有效的方法。一名相貌平平、因为自己的容颜而感到自卑的女孩问教师："老师，你看我是不是很丑？"如果教师说："你只是长得一般。"那就会让这个学生感觉到自己低人一等，教师可以这样说："比起长相，我更喜欢你为了美好的人生而奋斗。"

诚意使来访学生乐于敞开心扉。"诚挚"是心理教师的真实情感，来访学生会很自然地向教师倾诉自己的情感、思想、经历。

（四）正面关切

指导教师要树立一种积极向上的人生观，认为人性是善良的、积极向上的、能自我实现的。正面关怀是指心理辅导教师对来访学生的态度积极，培养学生积极的价值观念，并具有自我转变的内在动机。很多来访学生常常把自己的缺点和失败看得很大，对自己的优势视而不见，而使自己深陷痛苦和自卑之中。通过挖掘学生的优势，可以使他们更加理性、客观地看待自己，了解自身的优势，从而建立起自信与期望。

教师要有一个积极、健康的人生观，对自己和别人抱着正面的、乐观的态度。教师要注重客观实际性，不可把来访学生的优缺点夸张化，使来访学生感到虚假，难以形成互信。

二、参与性技术

心理辅导的目的是让心理教师与来访学生进行沟通，以语言为中介。在学校的心理咨询中，教师要善于灵活、适当地使用各类谈话技巧，引导和促进双方的交流。下面是一些主要的参与性技术。

（一）倾听

倾听是心理咨询最基础的技巧，也是最有效地理解来访学生的思想活动的方法。倾听以接受为前提，因此教师要积极倾听、认真倾听、专注倾听、用心倾听。

倾听是理解来访学生的最基本的精神状态，能产生治愈作用。

倾听要做到全身心投入，心里和耳朵都要听。教师在倾听过程中充分地参与，还可以配合点头、眼神鼓励等，配合着言语认真倾听。

（二）询问

每个人都会问问题，但问题的回答往往会受到问题本身的影响。询问的方式有两种：开放式询问和封闭式询问。

开放式询问没有预设的答案，学生可以坦率地做出回应。开放式询问通常使用"什么""如何""为什么""什么原因""能不能"等词来发问。比如："你对此有何看法？""你为何如此烦恼？"

封闭式询问是一种具有预设答案的提问，学生只给出一个有限制的答案，并且无须进行说明。封闭式询问用于阐明问题、阐明真相、抓住要点、缩短问题的界限。这种询问通常使用"是不是""有没有""对不对""多少""是不是""对不对"。例如："你上了几年学？""想过你母亲的心情吗？"

咨询时要多用开放型的问题，因为太多的封闭提问会让来访学生产生消极的反应，不愿意表现自己的意愿和主动性，甚至被询问后会出现沉默、阻抗、中断咨询等情况。

（三）鼓励与重复

鼓励技巧不管是语言还是动作上的，都是要鼓励学生不断地表现和探究自己。通过认真倾听、点头、眼神邀请以及用简单对话，比如"嗯""是的""后来呢""请继续"，能很好地促使来访学生继续自己的讲述。还可以使用一些明显的激励话语，例如："经过两次辅导，你已经克服了某些问题，请坚持下去！"

重复技巧是指教师通过重复来访学生所说的话语，使来访学生能够更加认真地思考自己所说的话语，并深刻地传达出所要传达的信息，所以，这种重复的技巧也是一种特别的激励方式。

（四）澄清

来访学生所提出的问题往往模棱两可、过于笼统、抽象，咨询教师要借助具体技术帮助来访学生清楚、准确地表述自己的观点和经历，了解实际的状况。

（五）对内容的回应

《道德经》说："知人者智，自知者明。"然而了解自己却不是那么简单的。《旧唐书·魏徵传》说："以铜为镜，可以正衣冠；以古为镜，可以知兴替；以人为镜，可以明得失。"在学生陈述的情绪和内容上，教师起着"镜"的作用。

内容回应是指由心理教师将来访学生的发言内容归纳、综合、整理，然后用自己的语言或者其他有代表性的词语反馈给来访学生，从而加强理解，促进交流。回复一般都是"你说的是真的？"或者"你的意思是……是吗？"。

（六）参与性概述

参与性概述是指教师将来访学生的语言、非语言、情绪等综合整理，并进行归纳，形成一种内容回应和情绪响应的统一体。参与性概述可以用于访谈最后的回顾，通常在访谈开始就对最后一次的建议进行回顾。

第二章　中小学心理健康教育的全面渗透

第一节　学科教学中渗透心理健康教育

一、学科教学渗透心理健康教育的意义和价值

（一）拓宽心理健康教育的时空

许多课程可以渗透心理健康教育，如在音乐课堂中引入心理训练，不仅可以有效地改善音乐课堂的教学质量，还可以促进学生的身体和精神全面发展，拓宽教师对学生的心理素质教育进行了解的渠道。除了静坐、放松训练外，还可对学生进行一分钟的观察、记忆、自我认知、人际关系等方面的心理训练。在教学中渗透短时心理训练，可以有效地改善学生的心理状态，提高教学效果。

要将心理健康教育渗入课堂，使心理健康教育工作成为日常的课堂上行为。

（二）推动学科教师参与心理健康工作

在对学生进行心理健康教育方面，学科教师肩负着相应的职责，但他们本身也肩负着自己教学方面的职责，因此，他们不可能像那些专门的任课教师那样，对学生进行专门的心理健康教育。在课程教学过程中，要把心理健康教育与课程整合起来，让每一位教师都能找到一种两者兼顾的行之有效的途径，并为学生搭建适当的学习平台，把他们培养成"心理医生"，从而促进学生们心理品质的提升，并对他们的人格塑造起到积极的作用。

（三）提高课堂教学的有效性

首先，如果不能有一个好的学习态度，就不可能有一个好的教学态度。把心理健康教育引入课程中，不仅对学生的心理健康提出了更高的要求，同时也是对教师的一种教育。在教学过程中，要注意培养学生积极的学习心理，要转变教学方法，提高学生的自觉性，激发他们的创造力，为他们提供创造的机会，使他们的智力和非智力因素得到最大限度的发展。在教学中，避免消极心理的产生。

其次，没有一个好的教学氛围，就无法对学生实施有效的教学。在课堂上进行心理健康教育，不仅可以为学生创造良好的心理氛围，还可以激发学生的学习热情，提高学生的学习积极性和教师的教学水平。在一个积极、融洽的课堂环境中，可以使学生的情感受到好的影响，从而使他们的思考能力更强，学习更积极，提高了他们学习的效果；相反，消极、淡漠、压抑的课堂气氛，则会导致学生产生消极、厌倦的情绪，进而影响到课堂教学的成效。

二、学科教学中渗透心理健康教育的策略

（一）学科教学目标的渗透

第一，心理健康教育的目标是课堂教育的"次级目标"；课堂教育的"首级目标"是在课堂中内在的、规范的、要达到的应做目标，在学科教学中应占首席。心理健康教育渗透只是一种"次级目标"，是不能"越位"完成的。

第二，将"班级目标"融入新课改的教学目标中。在开设这门课之前，必须对学生的心理状况做一个全面的了解，即了解学生当前存在的问题。他们有何需求？我能在这个课程中进行这样的指导吗？在"心育"的目的上，要从学生的心理需要出发，把适合于课堂的、具有针对性和实效性的心理健康教育有机地结合起来。

第三，把心理健康教育的目标作为"隐性目标"纳入课程的教学目标中。其实，学科教学中的心理健康教育，其目的更偏向于"内隐""暗示"。

（二）课程中的渗透

在新课改后，各学科中都蕴含着大量的心理健康教育资源，如果我们能够对其进行适当的开发，就能够起到很好的作用。比如德育课本身蕴含着丰富的心理健康知识。

随着新课改的不断推进，学校对学生的心理健康教育也有了更深刻的认识。在新课程理念下的教育与教学，更多地关注到每一个学生的喜怒哀乐，关注到学生的情感体验，关注到德育和个性的培养，关注到学生的尊严。由此可见，心理健康教育与专业教育的关系更为密切，更需要相互渗透。通过对教师进行合理的指导，可以充分发挥教师的作用，从而提高课堂教学质量。部分学校在实践中探索出了"融合"的课堂教

学方式，即在教学过程中，重视创造良好的心理氛围，充分挖掘学生的心理潜力，让师生在学习过程中获得心理上的满足感，取得较好的教学效果；在选择教学方法时，注重把关注、角色扮演等心理辅导技术、方法应用到课程中，不仅可以提高课堂教学的效率，还可以提高学生的心理素质。

第二节　学生工作中渗透心理健康教育

学生工作是学校日常工作中的一项重点工作，关系到学校正常的教学秩序和学生的健康成长。在学生工作中渗透心理健康教育，可以为学生工作提供新的途径、注入新的生机。

一、学生工作中渗透心理健康教育的必要性

（一）适应新时期学生工作的需要

新时期的中小学生，因为从小就接收了大量的信息，思维活跃，好奇心很强，性格也很张扬。然而，他们的法治观念不完善，他们的自律能力比较弱，对是非、善恶、美丑的判断能力也比较欠缺，因此很容易被不良的社会群体、不良的文化影响，给学生工作带来了新的问题和挑战。当前，要根据学生的心理发展特点，从心理学的角度来分析、研究学生工作，将心理健康教育融入学生工作中，才能更好地开展工作，更好地促进中小学生心理素质的提高，拓宽心理健康教育工作的途径。这就需要教师掌握学生工作的原则和方法。在学生工作中，教师扮演着"组织""设计"和"合作"的角色，同时也扮演着"朋友"和"知音"的角色。因此，加强学生的心理健康教育，不仅是学生工作的需要，也是学校的需要。

（二）减轻教师心理压力

现在，专业的心理健康教师非常少，很多学校虽然设立了心理咨询室，但难以兼顾所有学生的心理状况。利用班主任、学校团队负责人、学生社团指导教师等，把心理健康教育与学生工作融合起来，让学生成为校园教育的主体，这样就可以有效地解决当前学校专业心理健康教师缺乏的问题。特别是班主任，他们主要负责班级的各项工作，与学生之间有着更多的直接关系，能够更好地了解和把握学生的心态，在课堂上创建一个好的心理氛围，这对于学生的身体和精神都有着非常大的好处。可以说，心理健康教育能为传统的班主任工作注入新的内容和活力。

二、学生工作中渗透心理健康教育的实施策略

（一）将心理健康教育融入班集体的管理之中

1.选拔班级心理健康委员

以心理辅导的基本原则为依据，在每个班级都设立一名心理健康委员，以此来帮助更多的学生了解和把握心理健康知识，这在学生的心理健康教育中将发挥重要作用。

对心理健康委员的选拔，要有一定的要求，如：要有良好的心理素质，有较强的心理调节能力，有较强的社会适应能力；对心理健康有一定了解，并且心理健康状况良好；愿意帮助他人，能与他人和谐相处，对心理健康感兴趣。

心理健康委员的主要工作有：积极开展对学生的心理健康教育，使其了解自身的心理发育规律；对学生开展有计划的心理健康教育；对有心理问题的同学，给予及时的指导和帮助；积极参与学校开展的心理健康教育活动。

2.建立同伴互助团体

在学生群体中，学生自己也可以对他人进行积极的心理帮助和干预。由于年龄相仿，学生的生活经验、生活方式基本一样，他们所关注的问题也是非常类似的，因此他们之间存在着很多的相同之处，并且具有很强的互动性，所以他们之间可以相互帮助，从自身角度出发解决心理问题。比如对流动儿童和留守儿童的心理健康发展会起到很好的促进作用。儿童进入新的环境，一般很难融入新的社会关系。在生活和学习中，他们可能会出现一些心理上的问题，甚至是消极和抵触的情绪。而实际上，大部分流动儿童的家长文化程度低，工作强度高，收入低，家庭教育缺乏科学性和系统性，他们在孩子的教育上投入的时间、精力和财力都非常有限，这严重地影响了他们与孩子的沟通，很可能会造成孩子的孤独和自卑。同样，因为长时间远离家长，农村留守儿童容易出现情绪不稳定、冷漠、人际关系紧张、学习适应性差、行为异常等问题。而同伴心理互助小组能够帮助学生解决一些心理问题，并在沟通中获得及时的疏导。

3.建立一个班级的文化环境

教室是学生学习的主要场所，教室中的文化氛围对学生的心灵成长有很大的影响。

首先，我们要把学生的兴趣点带回教室。在学生进行自我管理和自我教育的过程中，可以将他们的主动性、独立性和创造性充分地发挥出来，让他们的情感、需求和兴趣得到充分的发展，最终达到"自我实现"的目的。

其次，要与学生建立融洽的关系。第一，和谐的师生关系是构建和谐课堂的先决条件和基础；班级的科任老师要不断地提升自身的认识水平，以平等的心态对待每一位同学，做到"真诚、同理、无条件地积极关注"；教师与学生之间的关系，是学校教育教学活动中最为基本的关系，也是影响学生发展的重要因素。第二，学生间的感情是非常重要的。班主任要及时了解学生之间的关系，及时、公正地解决学生间的矛盾；培养学生的自律意识，运用单独谈心、团体联欢会、春游、文化娱乐、课外活动等各种形式的活动，加大老师与学生之间沟通的频率和力度，以帮助学生获得愉快的心理体验，将学生的兴趣拉回课堂。

4.举办心理健康教育的班会

在班级活动中，结合学生的思想和心理发展特点，教师可以开展"心理健康"主题班会，以班级为核心，利用团队的力量，通过游戏、合作、体验、交流、分享等团队辅导的方式，为学生建立一个民主、活跃的团队氛围，使学生在团队活动中充分挖掘自己的潜力，从而实现健康发展。这样可以使课堂变得更加有趣、活跃，更受到学生的欢迎，收获得更多。

举办心理健康教育的相关班会需注意以下四点：一是在举办这类主题班会时，教师一定要考虑到学生的心理，客观地分析班级的实际状况，认真地选取主题，主题可以是小的，也可以是大的，既可以是班级中最突出的问题，也可以是学生最感兴趣的问题，还可以是有关学生发展潜力的问题。二是要做好班会前的准备工作，将准备工作转变为让每位同学、其他教师、社会各界和家长可以共同参与的活动。三是针对学生的特征，采取多种形式，使班会形式多样化，学生参与活动更加活跃，讨论和感受更加丰富。四是坚持学生当家作主，重视学生的意见，充分调动学生的学习热情和创新精神。

（二）将心理健康教育贯穿于学生团体和学生的各项活动之中

1.在学生思想政治工作中进行心理健康教育工作

在学生思想政治教育中，共青团、少先队是最前端、最重要的一环，也是学校思想政治工作最重要的一环。在明确学校心理健康教育的目标与任务之后，把心理健康教育与集体工作相结合，既能强化学校心理健康教育能力，又能提高学生心理健康的整体水平，为心理健康教育开辟一条更加富有创造性的新路。通过共青团、少先队、学生社团等渠道，开展心理健康宣传、心理拓展训练、校园心理剧等活动，特别是要发挥中小学的心理健康教育功能，组建专门的"校园心理艺术团"。心理剧是一种新颖的心理健康教育形式，具有安全、开放、积极、创新等特点，从培养学生的角度来看，它是一种良好的方式。

2. 在学生的课外生活中渗透心理健康教育

健康、合理、有意义的课余活动是学生身心健康发展的最好的调节剂等。在课外活动中渗透心理健康教育，既能提升学生的学习和交流能力，又能达到优化情绪、认识自我、开发潜能、化解心结、与社会接触的效果。

三、中小学学生工作中心理健康教育的几个问题

（一）重视学生，把学生放在第一位，教师起引导作用

对学生的心理健康教育是一项十分重要的工作，最重要的就是要让学生积极参与并主动思考心理健康教育的重要性，实现"助人"和"自助"的目标。教师可以通过心理辅导、学生间的心理互助、课堂中的心理宣传、课余生活的拓展训练等形式，发挥学生的主动性。然而，在"以学生为中心"的教学过程中，必然会遇到某些困难和麻烦，教师尤其是班主任，要将自己在班级中的领导作用发挥出来，引导学生朝着一个良好的方向发展；及时地给予鼓励和指导，提供必要的支持；利用榜样作用，也就是教师希望把学生培养成什么样的人；要发挥学生的主动作用，使其主动地参与、主动地协助，将心理健康教育融入学生的生活当中。

（二）在中小学学生工作中要注意心理效应的应用

从理论上讲，心理效应是指某种人物或事物的行为或作用，引起其他人物或事物产生相应变化的因果反应或连锁反应，是一种普遍的心理现象或规律。我们的工作、学习、生活，都离不开心理效应，只是我们

常常觉察不到这一点。大多数的心理效应都具有积极与消极两方面的意义，但只要恰当利用，就会产生一些正面的影响，可以将消极影响有效地排除，促进学生心理健康教育工作的顺利开展。

第三节　学校文化中渗透心理健康教育

学校文化建设是学校思想政治教育的重要载体，也是加强学生的心理健康教育、提高学生的心理健康水平的关键一环。

一、心理健康教育在学校文化建设中的重要意义

（一）当前我国学校心理健康工作中出现的一些不良现象

近年来，学校越来越重视学生的心理健康，并在此方面做了不少的研究与实践，但也呈现出以下几种不健康的倾向：①加强学校德育工作，将"情绪"和"人格"的问题归结为"道德"的问题，以"思想政治"代替"精神健康"；②将学生心理问题误认为是心理疾病，用"治疗"的倾向取代了"预防"与"发展"的倾向。目前学校心理健康教育尚处于起步阶段，存在着课程设置不完善、师资力量不足等问题，使得心理健康教育的目的、任务与功能都受到了限制。学校教师的角色应从"辅导员"转变为"咨询师"，开设心理课程，设立心理咨询办公室，进行全面的心理健康教育。在学校文化建设中渗透心理健康教育，可以对学生产生无形的、持久的、正面的心理影响。在实施过程中，学校的心理健康教育观念发生了一些变化：由以"纠正"为主导转向以"预防"为主导；从面向少数学生转向面向大多数学生；从战胜心理疾病转向提升心理素质。

（二）在培养学生的心理品质方面具有潜在的影响

学校文化是一门看不见的课程，能对学生产生多方面的影响，所以利用学校文化建设开展心理健康教育具有重要的现实意义。创设优美的物质文化，利用情境氛围，使学生受到影响与熏陶，保持良好的情绪，使他们热爱生活，享受生命；以美的形象激发美的品格，丰富美的内涵，提升美的境界，增强美的能力，实现美的欣赏，美的创造。学校对学生的良好心态的培养，有助于学生适应环境，形成正确的认识；学校的制度文化是对学生的一种集体约束，它对学生的影响是巨大的，对学生的优秀品质和良好习惯的培养起到了很大的作用；校园文化体育活动能够丰富学生的体验，并使学校的教育和教学环境在学生身体和精神中，得到一定的内化和积累。

在对学生进行心理健康教育的过程中，我们可以看到，学校文化建设对学生的德智体美劳全面发展有三个方面的影响：

第一，人格塑造功能。人的成长过程就是人的人格不断地被塑造与完善的过程。学校文化在此过程中扮演了重要角色，其根本原因是：个人特质，如态度、意向和价值观，难以通过直接或间接的方式获得，需要对学生进行长期的影响。学校的校园文化，就是要把学生的需求、动机、兴趣、态度、信念、价值观等作为学生人格的重要组成部分，对学生的人格进行培育，使其得到发展。所以，经过有目的的滤化、净化和加工后的学校文化可以为学生营造一个良好的外部环境，并在某种程度上产生一种内部的教育力量，从而促进学生对行为规范、价值取向和思想观念的重视，积极树立起自己正确的世界观、人生观、价值观，从而促进他们的人格健康发展。

第二，情感的影响。学校文化，是指学校按照一定的教育原则、目标，精心设计、组织的一种文化活动。无论是物质文化、精神文化，还是特殊的文化形态（如校园节日文化活动、学校社团文化活动、班级文化活动、宿舍集体文化活动），都可以成为一种激励学生前进的力量，促使他们产生正面的情感体验、崇高的精神境界和审美情趣。与此同时，学校开展的丰富多彩的文娱活动，不仅可以帮助学生从繁重的学习任务中获得身心的休息，还可以充当一种调节剂，放松、调整学生的身心，从而达到心理健康的目的。

第三，社会角色。社会角色就是个体在社会生活中逐渐形成的一套符合社会要求的行为模式，可以使学生正确地处理人际关系、适应社会生活。学校文化是学校教育的重要组成部分。与社会主流文化相一致的学校文化，通过长期的熏陶、暗示等心理作用，来对学生进行引导和约束，进而达到教育目的。

二、心理健康教育在学校文化中的渗透策略

在学校文化建设中，要坚持物质文化、精神文化两条腿走路的方针，本着两手都要抓、两手都要硬的原则，重视对物质环境与精神环境的建设，在学校文化中建立起一种隐性心理健康教育，努力实现"整体大于局部之和"的心理健康教育效果。

（一）将心理健康教育融入物质文化之中

学校要把心理健康教育作为重点，在此基础上建设学校的心理文化，并把心理健康作为一种"静态文化"来发挥其作用。

首先，要持续地清洁、绿化学校，让学校美丽起来。具体来说，就是要突出学校的特色，突出个性；校园布局层次感强；教室内部的色彩的搭配趋向于明快、明亮、多色调；在建筑内部的布置上，要注重简单、明亮、典雅、符合学生的年龄特征；在景观设计与布局上，强调节奏与流动、对比与融合的美学特征，以体现校园的特点。从学校的实际出发，发挥学生的主体性，让他们积极参与设计、维护与创新。

其次，要注意学校的"阵地化"。要最大限度地发挥学校各个层面的功能，营造出一种良好的心理健康教育氛围，让一草一木、一砖一瓦

都具有育人的功能。比如，在教学楼中设立"心理健康教育长廊"，让学生了解并掌握心理健康的相关知识与方法；在班上贴一块情感教育牌，上面有班集体照、目标、标语、班主任寄语等，提高学生的集体荣誉感；营造"地方文化长廊"，让学生有归属感，并培育其爱国、爱乡之情；开设心理健康专题栏目、"悄悄话"信箱，制作心理健康小报，引导学生创作，展示学生创作的心理健康作品；要发挥校园广播、电视等传统媒介的优势，更好地发挥学校心理健康教育的功能。

（二）在学校制度文化和精神文化中实现心理健康教育

学校制度文化和精神文化对学生的心理健康有着更直接的影响。为此，应以学生的心理需要为切入点，为学生创造良好的制度文化和精神文化环境。

1.在制度文化中渗透心理健康教育

古人有云："没有规矩不成方圆。"在学校文化发展的初始阶段，制度是确保学校工作有条不紊、高效的手段。首先，要强化制度。其次，要营造一个良好的教学氛围。要根据教育方针、学生的发展特点和学校的具体实际，建立和健全相应的管理制度。"以人为本"是学校办学的前提，它要有"人"的内涵，要有"以人为本"的精神品格，要有"民主"的内涵。学校制度应具有三大特点：一是综合性，条条框框，所有事情都要按照规定来进行；二是注重细节，有针对性，有较强的可操作性，被学生接受；三是严谨，有一套严谨的规章制度和一套完整的赏罚体系，深得学生好评。要求学生学习掌握基础的系统知识，使他们懂得什么能做，什么不能做，什么是对的，什么是错的；如果违反了这些规定，将受到什么样的处罚；从遵纪守法所能获得的利益出发，营造一种自觉、自律的制度文化环境，将"他控"转化为"自控"。

2.在校风、教风、班风中融入心理健康教育

学校精神文化是一所学校的灵魂。优良的校风，可以激发、凝聚全体教师的内在动力，促使他们不断进步；优良的学校精神文化可以在某

种程度上保护学生的心灵，有效地抵抗不良的心理倾向与行为，并可以更好地排除各类不健康的思想与行为，从而形成一种和谐的心理状态。好的校园环境和好的教风，能极大地影响一个班级的整体氛围。在"自立"和"老师的有效指导"之间，形成团结、友爱、互助、快乐、和谐、健康向上、争做主人的良好课堂氛围。通过长期的积淀，优良的校风、教风、班风将会成为优秀的精神文化，并形成更高层次的精神层面教育。

3.为师生关系和教学创造良好的氛围

学校人文环境是学校人文精神的构成要素。在学校中，人际交往作为学生踏入社会的必修课，对学生的心灵成长起着重要的推动作用。

学校是育人的阵地，教师是育人的人，这就要求其工作有很强的示范性。要把心理健康教育融入学校文化，使其在学生中起到积极的作用。教师有较强的抗压能力，有创新精神，敢于向自己发问等，做学生的榜样。从动态性的角度来看，在课堂上，教师的示范性行为更多地体现在与学生的互动中。在教育过程中，教师要用友善的心态对待每个学生，要尊重、宽容、欣赏学生，关注学生的思想变化，在对待学生的时候，要仁慈、豁达。这种民主、平等、真诚的师生互动关系，是现代中小学师生交往应有的样态。

建立和谐校园。教师的工作风格、待人态度、人格特征，都将直接影响学生的心理健康。研究发现，在师生交往过程中，教师的领导能力对师生交往具有重要影响。教师若能尊重学生的意愿，给学生充分的自由度，以"知己"的心态指导、帮助学生，则可与学生建立一种平等和谐的关系，进而促进学生的独立与创新。

4.在学校文化中融入心理健康教育

体验在现代教育中起着举足轻重的作用，而心灵体验的内化又离不开环境的作用。学校有目的、有计划地开展生动有趣的校园文化活动，让学生在活动中尽情地表达自己的想法和情绪，获得经历。在这种互动中，老师与学生之间的情感交流拉近了彼此之间的距离，同时也有利于教学。在中小学进行学校文化建设的时候，要尊重学生的身心特点，充分考虑他们的年龄、地域和个体之间的不同，并与本校的实际情况相结合，要体现知识性、科学性、趣味性和娱乐性，将学生的积极性、主动性和创造性最大限度地发挥出来。可以将学校的文化活动与纪念日、传统节日结合起来，还可以利用入学、毕业、入队、成人仪式等特殊的日子以及体育节、科技节、读书、演讲、游艺等活动，还可以通过开展学生社团活动、兴趣小组活动等全方位渗透心理健康教育。

第三章　中小学音乐教育心理与内容

第一节　音乐教育基本理论

一、音乐教育学的学科地位与基本类型

（一）音乐教育学的概念

从本质上说，音乐教育是一种专门的教育活动，它隶属于音乐学；从教育学的角度讲，它又是一门隶属于教育学的学科。在这样的大环境中，"音乐教育"不仅是一门"艺术"，更是一门"教育"的学科。在教育领域中，音乐与审美是不可或缺的一环。对学生进行音乐教育，是形成与发展音乐文化的前提。

（二）对音乐教育的几点认识

当前，我国中小学生课余参与的各种音乐教育活动，如少年宫、群众艺术馆等，均属于"社会范畴"。当然，随着时间的推移，音乐教育的范畴也在不断扩展，如社区音乐活动、音乐医疗等。

而与之相关联的学科，则使它的领域更为广阔，如音乐教育心理学、音乐教育哲学、音乐教育艺术、音乐教育人类学。无论它的内涵和外延是怎样的，它的根本目的都是使教育工作更好地进行。而学校要达到良好的音乐教育效果，就必须要有好的老师、清晰明确的教学目的、丰富的音乐收藏。这三个方面在实际的音乐教育中是不可缺少的。没有教师，没有学生，没有音乐，音乐教育就没有存在的可能。

二、音乐教学的作用和重要性

音乐对人的发展有着深刻而广泛的影响，它在人的全面发展中起着重要的作用。

（一）音乐教育的功能

1.陶冶情操

任何一种艺术都离不开情感的表现，其中，最具情感色彩的音乐在陶冶人的情操、陶冶人的美感方面具有其他艺术所不能替代的作用。当我们和音乐产生共鸣时，我们就能体验音乐所表达的情感，或许我们不知道音乐的本质，但我们能从倾听、享受音乐中感受到。德国作曲家瓦格纳曾经说：在某些场合，一首音乐除了表现个人的感情外，还表现了音乐自身的感情。柏拉图认为：节奏与乐声拥有最大的力量，它们可以深入人的心灵。

任何一种艺术创作都离不开想象力，在音乐中尤其如此。当爱因斯坦遇到困难的时候，他总是会去弹一曲钢琴曲，并经常从音乐中获得灵感。正是音乐使他的情感从智力上的羁绊中解放出来，使他的思维从逻辑上的羁绊中解放出来，使他的创造力重新焕发出来。音乐可以调节人的情感，保持和发展人的想象力，让人对生活有热情，对美好的未来有无限的追求。

2.完善道德

没有情感基础，所有的道德教导都是白费功夫。而音乐教育对德育的影响是很明显的。音乐在实现思想教育作用时，并不需要借助强制的方式，而只需借助它本身的优美旋律，在潜移默化中起作用。荀子认为，乐者是圣贤所喜欢的，它可以使人心向善。好的音乐可以培养人的良好的精神品质，因此，国外的许多学者把音乐教育看作一种启蒙活动，一种培养社会道德的启蒙活动。

3.增进智慧

音乐教学作为促进人的智能发展的一种重要手段，已经引起了许多人的重视，并逐渐形成了一种普遍能被大众所接受的观点。事实上，适当的音乐教育确实可以促进儿童智力的发展。

智慧是人对客观世界的认识，对客观世界进行改造的力量。就智慧的结构而言，它包含了形象思维、逻辑思维、观察力、记忆力、想象力、创造力等方面。研究表明，音乐活动不仅依赖于大脑皮质的分析机制，而且依赖于其在智力发育中所起的作用。许多著名科学家的成长都和音乐密不可分：爱因斯坦酷爱小提琴演奏，玻尔兹曼对音乐充满热情，而美国著名的诺贝尔奖获得者、广义进化论的奠基人、系统论的奠基人拉兹洛早年还是一名钢琴家。

4.健体悦心

好的音乐不但可以促进身体和精神的发育，还可以治疗多种疾病。在人类的音乐发展史中，肢体动作与音乐始终密不可分。古代的诗歌、音乐、舞蹈三位一体便是如此。

关于乐曲的演化，大多数人都相信乐曲与原初的舞曲密切相关。所以，许多作曲人关注的是音乐以及身体或身体语言。

音乐与运动有着密切的关系，音乐有利于人的身体和精神的发展，音乐能改善人的心情，体育能提升人的体质，它们在各方面都能促进人的身心发展，而且是相辅相成的。

（二）关于音乐教育的几点思考

从对学生的教育中，我们可以看到，有意义的教育将成为一种生活体验，是人们追求自我发展、自我完善的一条重要道路。音乐的作用是感染、启发、教育，学校音乐教育的目标是实现人的全面发展，具体表现为以下三点。

1.发展质量

中小学音乐教学不仅要培养学生的音乐素养，还要培养他们的音乐欣赏能力，使他们的身心和谐发展。

2.人的整体质量

在我国的教育方针中，明确了"五育并举、全面发展"的办学宗旨。中小学音乐教育对促进中小学生的全面发展具有重大的理论与现实意义。

3.传承传统

音乐文化是中国传统文化的重要组成部分。中小学的音乐教育，不仅要提高学生艺术修养，也要让学生从小就开始接触我国优秀的民族传统音乐，并继续传承。

三、音乐教育的本质

学校音乐教育的本质是"以人为本"，对学生进行全面的素质教育。美育、德育、智育、体育是相互补充的。在美育过程中，音乐教育是必不可少的环节，它是把"音乐"作为一种媒介，把"审美"作为美育的核心，从而达到"人的全面发展"。因而，音乐教育的本质就是以音乐为媒介，来促进人的全面发展。

学校美育是一种认识、欣赏、评价、创作美的教学活动。艺术是一种以审美性为特征的文化现象，是一种对自然美、精神美的认识活动。美育培养学生健康向上的审美趣味，进而实现其全面发展。

学校音乐教育具有教育的基本特点，通过对学生有目的、有计划、有系统的影响，使学生在德、智、体、美、劳等方面得到充分、自由、全面的发展，培养出具有高素质的学生。在音乐教学中，应该遵循审美教育的特点与规律，用它的形式与内涵去对受教育者产生影响，并对其进行培养，让学生从小就具有一定的道德修养和文化素养。

四、音乐教学的本质

音乐教学通过音乐表达的方式来完成对学生的审美教育，它具有情感性、形象性和愉悦性等基本特征，而这些特征又受到它本身的审美教育本质的限制。音乐是声音的艺术，音乐是时间的艺术，音乐还是一种情感艺术。

情感在音乐教学中的运用。情感是指人在面对客观现实时，对自己的需要所做出的一种心理反应。音乐教育的功能是通过情绪感染、情绪共鸣来实现的。在音乐教育中，情感体验、情感表达和情感交流起着独特的作用。"以情为本"是音乐教育的根本。在音乐教学的全过程中，充满了情感的体验与感染力。如果没有一种以情感为主导的、以审美为导向的教育方法，势必会影响音乐教学的效果。在音乐教学中，应充分利用具有艺术性的音乐，采用生动活泼的教学方法，从而达到调动学生情感，使其爱上音乐的目的。

在音乐教育中，联想是一种特殊的表达生活艺术的手段。音乐形象是通过听觉而产生的一种特殊的艺术形式。运用联想、想象等心理要素，把美的音乐教育转化为一种既有思想情感又有美学意义的课程。音乐艺术形象的训练，对学生的音乐感觉、欣赏、表达、创作等方面都有很大的帮助。将音乐教学具象化，以情绪为出发点，重视对联想和想象的教育，利用听觉、视觉等感觉，让音乐教学变得更加生动，更容易让学生对音乐有更深层次的认识和理解。

音乐审美是一种审美体验，追求和享受审美体验是人的天性。"寓教于乐"，可以作为一种教育手段。相对于其他学科，"快乐式"的教育特色在音乐教育中更为突出。音乐教育要以最具有艺术感染力的优秀作品为例，要使用最能引起人的兴趣的教学手段，否则无法达到理想的效果。

第二节　音乐教育心理

一、音乐教师的教学心理历程

（一）音乐教师心理素质的培养

在音乐教育中，音乐教师起着领导作用，应该具有以下几个方面素质：一是具有严谨的教学态度，二是具有正确的教学认识，三是具有丰富的音乐情感，四是具有丰富的教学经验，五是具有独特的教学方法。

1.对音乐教学的认识与情感因素的影响

音乐工作者应理解自己所从事的音乐教学工作。在教学中，要培养学生敏锐的观察力、严密的逻辑思维能力。而敏锐的洞察力来自教师的听觉、视觉、触觉，以及严谨的思索。在平时的教学过程中，教师应该密切关注学生对音乐的兴趣，要考察哪位学生在声乐、器乐、舞蹈方面有天赋。关注对音乐不太感兴趣的学生，对他们进行恰当的引导，增强他们的自信心。在上课时，教师要留心学生的反应，适时讲授，多与学生沟通，调动学生的积极性。这些反馈对于教师来说，是宝贵的学习经历，也是有益的尝试。

在音乐教学中，情感、情绪因素对学生的影响是不可忽视的。教师在教学中，是"美的传递者"，教师的一颦一笑、一举一动都会影响到学生。在上课的时候，教师能够用生动的语言和肢体的动作，将音乐中的情感和知识传递出去，让学生们能够在上课的时候，跟随教师的情绪，理解某些抽象的音乐理论，进而对所学内容有更深刻的理解。教师在讲解时，如果语言苍白，没有感情，没有肢体语言，就会使听众感到无聊，进而丧失对音乐的兴趣。因此，在教学中，音乐教师要清楚自身的教学目标，充满感情地将自身所学的知识教授给学生。

2.教师应具备的能力

首先，一位优秀的音乐教师，除了具有丰富的人文科学知识外，还必须具有系统的专业理论与教育观念。在此基础上，根据每个学生的具体情况再设计出新的教学方法。其次，教师的情感要饱满。研究表明，情感与智力水平有很大的联系，情感智力水平高的人具有较高的竞争性和控制力。在实际教学过程中，为了更好地调动和激发学生的主动性、创造性，教师只有不断提高自身的情感水平，才能使自己的教学品质得到提高。再次，作为一名教师，必须具有较强的抗压能力。在这样的大环境下，作为一名教师，承受压力的能力也是很重要的。

在音乐教育中，教师的能力是至关重要的。音乐教师既要具有音乐教育的激情，又要具有音乐鉴赏能力，还要具有音乐表演能力、创作能力、组织能力等。作为一名教师应具备的基本能力有以下几条：

（1）专业技能。

音乐教师应具备的专业技能包括：唱歌、演奏、识读乐谱、创作、指挥、戏剧、编导等。

（2）教学技能。

作为一名好的音乐教师，要具有专业精神，这只是必需的基础和前提。要成为一名优秀的教师，必须掌握一些教学技巧。教学技能所包含的不仅仅是对课本的解析与运用，更包括了人文素养、语文素养、职业素养等。所以，教师的教学能力就是教师在课堂中所具备的综合素质。比如，要具备良好的学习组织能力，能合理利用时间，处理"意外"事件，并能将自己所学的学科知识和文化知识相结合，激发学生的想象力。

同样的东西，不同的人讲述，会有不同的效果，特别是音乐。利用优美的语言和具体的动作进行描述，使音乐课堂生动活泼，激发学生的想象力和学习积极性，使学生对音乐的学习更有兴趣。

（3）评价能力。

教师在具备了相应的专业素质和教学能力后，应该对自己做一个完整的评价和反思。这些评价和反思可能是短期的，也可能是长期的。可以由一堂课后的自我反省，慢慢发展为一学期、一年的自我反省。无论是在短时间内的自我评价，还是在长时间内的自我评价，其终极目的就是要反省自己的教学效果，发现自己的不足，并不断地进行检讨、修正和学习，以使自己的教学质量得到持续的提升。

此外，在对自己进行自我评价的时候，也要对他人做出一个客观的评价。评价其他任课老师的工作水准，学习别人的长处，并运用到自己的教学中去。在评判他人时，最重要的就是要对教学能力做出客观、公平的评判，对学生的评价也是如此。教师的正面评价是学生热爱学习的重要因素，正面评价往往能激发学生学习的积极性，而教师的称赞又是学生学习的最大动力和鼓励。许多心理学家都认为，在教学过程中，教师对学生进行正面评价，可以调动他们的学习热情，所以要尽量避免消极评价。

永远不要以自己的偏见来评价一个学生。心理学研究发现，在学生被评价时，第一印象表现出强烈的指向性。所以，对于学生的音乐感觉、情绪表达、想象力等，我们都不能加入任何的主观评价。

一位优秀的音乐教师，如果具备了专业、教学、评价等方面的技能，那么他的个人素质将会得到很大的提升，同时教学能力也会得到很好的提升。这就给新时代的音乐教师提出了更高的要求。音乐教师的心理教育，就是在教学过程中，不断地探索学生的各种心理状态，并在课堂上，自觉地运用多种心理学知识，促进学生的心理健康和认知与情感的发展。

（二）关于音乐的认识过程

在当代心理学领域，最著名的就是联想理论与"格式塔"理论所代表的两个学派。

其中，以"格式塔"理论最有代表性。"格式塔"理论认为知识是一种观念的重新组织。这种认识上的变化，不是练习，也不是错误，而是一个"顿悟"，因此，它也被称为"顿悟"论。

兴趣是音乐教育的基础。研究表明，大脑皮层的兴奋度越高，对于外界的刺激就会越敏感，受到的影响也会更多。兴趣有三个发展阶段，最初一个阶段是兴趣，被物体外在的新异形象或新颖对象吸引，产生持久注意，这时候的兴趣是最初级的，不明确的。第二个阶段是乐趣，它是在有趣的基础上发展形成的，是对某一事物或活动产生的特殊爱好，在这个阶段，兴趣就会比较固定，就会向专一性发展。当一个兴趣发展到它的顶点，则成为志趣，它与理想和未来目标相联系。

从本质上讲，学习就是人对外界知识进行的一种内在加工，从而获得新的能力。在音乐教育中，对事物的认识、记忆和思考是最基本的思维过程。

音乐的认识是多元的，包括听觉的认识和视觉的认识。"音乐记忆"是人的大脑对其所感知的音色进行储存，是人的思想活动的一种媒介，是形成音乐意向的必要条件。其中乐谱记忆是学生学习音乐的一个基础。乐谱记忆既是一种技巧，又是一个持续的认识过程。要使学生在学习过程中得到更好的学习效果，就必须把机械性记忆和语义性的理解有机地结合起来。"音乐思考"则是在对音乐信息的外在特征进行加工的基础上，对其本质特征、规律做出理性的解释。科学的思维方式是理性的、逻辑的、艺术的，而艺术的思维方式则是感性的、形象的。在逻辑思维中，理性主义成分是主要的，但在艺术思维中其感性主义成分却更为突出。两者相辅相成，方能把握住事物的本质。

二、心理学在音乐教育中的作用

（一）首次影响

在人际交往中，信息的呈现次序对人的影响是不同的。"首次"，即人与人交往时所形成的初次印象，是影响人对他人的第一印象的主要因素。在社会认知中，一个人对别人的第一印象往往是对这个人的认知和评价的基础。人们对首次影响的认识，往往仅限于对客体的表面属性、非本质属性的分析，而这种评价还有待于后续沟通的修正与完善。

第一印象非常重要，包括穿着、发型、言语等都会影响课程的进行。因此，在音乐教学中，教师要仔细地做好上课前的准备工作，不能放过任何一个细节，尽可能地让学生对自己的学习起到最好的效果。

（二）固定功能

意志性效应是一种心理状态，它能影响人的行为倾向，影响人的行为程度，影响人的行为方式。定势是一种由心理活动而形成的定型观念。其实质是指个体已有的心智活动，为后继活动提供一种准备或一种心智倾向，从而对后继活动起到某种影响。这一点在双方第一次会面时，尤为明显。据此，人们不仅能用"定"解释自己的感觉、知觉、记忆和思维倾向，也能用"定"解释自己对于"社会"的认识。思维的定势，来自对已知事物的认识，它具有一定的限制性。在一个特殊的环境里工作、生活，经过一段时间的沉淀，就形成了一个固定的思维模式，而人们往往就习惯用一个特殊的角度来看、想和接受事情。

在教学过程中，要注重培养学生的良好习惯。比如，为了在演唱中形成良好的演唱状态，在演唱初期要有丰富的面部表情；而对于初学者来说，学习各种曲子，必须要有良好的演奏姿势。只有养成这样的习惯，才能让学生的音乐素质得到显著提高。因此，对于刚开始接触音乐的学生来说，养成好习惯是非常重要的。然而有些人受到了不良的影响，形成了不良的"定式"习惯，教师应引导学生尽早改正自己的不良行为。

（三）暗示性动作

"暗示性动作"是指在不发生矛盾的条件下，通过一种含蓄的、抽象的、诱导的方法，以一种特定的视角，使人们的思想和行为符合人们所期望的状态。

由于它的特殊性，在音乐教学中，教师的第一职责不是讲解释疑，而是让学生在教师的引导下感受音乐。所以，许多时候，教师不能"全盘托出"，必须要"留有余地"，这个时候，暗示的作用就特别重要了，要在适当的时候，给学生一些暗示，让他们能够更好地发挥他们的想象力与创造力的同时，做到"有章可循"，不至于天马行空地乱想。因此，"暗喻"效应在课堂上的应用就非常有必要了。

（四）群体效应

许多人一起活动会对学习效果有很大的影响。群体效应就是人们的心理和行为受其内部需要和外在环境的影响而产生的。

在音乐教学中，要使音乐最大限度地发挥作用。在课堂上和课外的研究活动中，教师要注重利用教师引导和小组讨论等方式，并有意识地评价，让兴趣相互作用、相互影响。各个成长阶段的孩子，只要是有挑战性的活动，他们都非常积极地参加。在教师的正确引导下，合理运用竞争法则，学生的学习积极性将会大大提高。通过小组互助活动，学生能从身边的同学那里学到很多自己所不知道的知识，并能培养学生的集体意识。在这个集体里，可以让学生学习并接受许多关于音乐的知识。因此，小组活动在音乐教学中所起到的作用，要远远大于其他学科。

三、音乐疗法对精神卫生的影响

（一）音乐疗法和人类心理之间的密切关系

音乐治疗与人类心理存在着很大的联系：音乐治疗是一种对人进行多种感觉器官感受的体验，其中还包含着对声音的感受。就拿音乐来说，在认知治疗中，听众在音乐背景下，对歌曲的歌词会产生更强烈的认知效果，当它进入大脑时，就会产生相应的情感。虽然人类的大脑能够屏蔽音乐的声音，但不能屏蔽音乐带来的情感，因为人类的大脑能够对情感做出反应。"动力性音乐治疗"让来访者在音乐中发现压抑的潜意识情绪，并通过它来改变、洗涤先前经历给他们带来的心理伤害。

（二）把认知治疗和音乐治疗结合起来

我们在临床上将音乐治疗与认知治疗相结合，整合音乐治疗与认知行为技术，用音乐安抚病人，让他们在音乐的氛围中去感受紧张、害怕和混乱，音乐结束后，可以回顾生活中的点点滴滴，回忆起那些紧张的场面。这类似于"脱敏疗法"，引导来访者对他们遇到的紧张和焦虑的事情进行打分，并且在高于5分的情境中再次体验这些事情，从而体验到只有咨询人员才能体验到的情感变化。最后，请来访者做一个想象练习，并列出他们要做的事情。

它同时也是一种把音乐治疗和精神治疗相结合的方式。不同的情绪对来访者的决策有不同的作用。所以，音乐治疗和认知治疗的结合，是一个对被试的认知和行为产生影响的过程。

（三）音乐治疗与心理动力学

音乐治疗与心理动力学相结合，其表现为：个体被压抑的情感，借助音乐的发泄；用音乐分散人们的注意力，增强人们的安全感，缓解人们对分离的担忧及相思之情，还能治疗病态的自恋和自卑。例如，将音乐用作一种象征性治疗，它所建立的关系，不但有心理咨询师的关联，也有过去的因素，而过去的关联，就是通过对音乐的投射，与个人的认同感相融。在动态音乐治疗中，存在着三种潜在的编码机理：凝缩性、移位性和符号性。通过使用三条潜意识密码，咨询师们找到了动力音乐治疗背后的治愈因素，并且专注于转移注意力治疗。相对于言语治疗而言，音乐治疗不会令人产生过多的恐惧之情，并能较好地表达出言语所不能表达的不确定性和潜意识。让来访者的内心获得完全的放松，并在心理学家的指引下进入一个有形的、有意识的梦幻世界。

（四）音乐治疗中叙事治疗的运用

音乐可以引导来访者反映自身的体验。音乐叙事治疗是通过听音乐、编造故事、讨论故事、建构故事，替代生活中的戏剧，以达到治愈效果。例如，在冒险的故事背景下，需要为来访者重新构建一个剧情，将原本的剧情替换掉。咨询师参与活动，发展新的剧情，而不是改变剧情。

音乐治疗除了用于个案，还可用于团体治疗。"音乐小组叙事治疗"可以先用一首悠扬的曲子，让团队成员们进入一种冥想思考的状态，再把自己所学到的东西分享给他们，让他们一起演奏，增加剧情的感染力。有了这个架构，我们就能把故事变成剧本。同样，在"音乐叙事治疗"中，我们也可以从"音乐"中获得独特的感受。比如，可以用《高山流水》进行"音乐叙事治疗"，可以让听众一遍又一遍地听《高山流水》，在演奏中，感受到每一遍的变化，并从中找出不同，进而转变认知。

（五）心理治疗方法的应用与指导

人的心理压力是无时无刻不存在的，无论是学习、生活、情感，还是社会竞争、家庭变故，都会对人的心理造成一定的影响。如果你能找到正确的宣泄方式，就能在一定程度上缓解压力。但心理问题长期得不到有效的治疗，就会变成一种疾病，严重的还会出现精神方面的问题。用音乐减压，能使我们长久地保持一种健康、乐观的心态。

不管是在有意识状态下，还是在无意识状态下，用音乐舒缓身心，都是一种很好的方式。音乐可以让人的心情放松，以此达到"用音乐来静心思考"的目的，进而去体味生活的美好，去丰富自己的想象力和创造力。例如，高中学生最常见的压力就是考试，他们会表现出焦虑、坐立不安、神色慌乱等。鉴于这种情形很普遍，咨询师可对个别案例进行群体治疗。在用音乐来释放压力的过程中，咨询师可以用相关的音乐来激发参与者的视觉联想，让参与者对颜色、动作、触觉、味觉等都产生更多的感受。通过这些音乐，参与者能够充分地体会到大自然和自己的美，在心灵上进行一次洗礼，改变他们的心理状态，让他们能够始终保持着一种积极的态度，并以此来影响他们对待问题的态度，让他们能够用积极的态度去看待生活，去面对消极的问题。

第三节　中小学音乐教育的内容

一、中小学音乐教育的本质与指导思想

（一）课程的本质和价值

1. 课程的本质

音乐是人们通过独特的声音结构来抒发感情的一种途径，是人们精神生活的有机组成部分。它有着丰富的文化内涵和人文主义色彩，以其独特的艺术魅力，紧跟着人类的发展进程，以其独特的美学趣味，满足着人们的心理需求和文化需求。

2.课程的价值

音乐课程是学校教学工作中的一项重要内容，它是教学中的一项重要内容。其教育意义主要表现在以下几点：

（1）美学经验价值。

音乐审美的目的就是要使学生在聆听的同时，感受到音乐的美好和丰富的情感，使其达到净化心灵、陶冶情操、提升智慧的作用。音乐教育旨在培养学生健康、高尚的审美情趣，培养学生乐观向上的生活态度，为学生终身热爱音乐，热爱艺术，热爱生活打下扎实的基础。

（2）创造价值。

艺术的发展，是人类社会和历史进步的基本驱动力。在音乐教学过程中，通过音乐欣赏、表现和创作的活动，可以激发学生的表现欲望和创作动机，而在学生主动参与教学的过程中，学生的个性和创造能力得到了充分的发挥，同时还可以激发学生的想象力。

（3）社会价值。

在许多情况下，音乐都是一种群体的行为，如齐唱、合唱、合奏、重唱、歌舞等。这种群体的音乐活动，是一种以音乐为纽带的人际交往，它能使学生形成团队意识，并能使学生之间形成相互尊重的合作精神。重视班级、学校、社会三方面的音乐活动，有助于增强学生的团队意识、协作精神，提高其集体荣誉感和社会责任感。

（4）传承的价值。

民族音乐是一种宝贵的传统和智慧的结晶，是人类文明的一个重要载体。通过中国民族音乐的教学，可以使学生更好地了解并热爱自己的祖国，同时，通过民族音乐的传播，使学生产生一种强大的凝聚力，这对学生的爱国主义情感也有很好的促进作用；使学生对不同民族的音乐文化有更深的认识，进而产生更深的敬意与喜爱。

（二）指导思想

1.以美为核心

要把"以美为核心"的教学理念贯穿于音乐教学的始终，在潜移默化中，培养学生的高尚情操，完善其个性。在音乐的审美体验中，应将基础的音乐训练与教学有机地结合起来。音乐教学是教师与学生共同体验、共同发现、共同创造、共同表演、共同享受的过程。在进行教学的时候，教师要重视对音乐情感的感知，并与它的审美表现特征相结合，从整体上把握它的表达方式和情感的意义，了解感知在音乐表现中的作用。

2.以兴趣为驱动

兴趣是音乐创作的基础，而创造是社会发展的内在核心，也是音乐创作的基础。在不同阶段，应根据学生身心发展及美学心理特征的不同，采取多种形式，激发和培养学生的学习兴趣及创造力。在教学中，应注意加强与学生的交流。

3.服务于全体学生

中小学音乐教育的任务不是培养专门的音乐人，而在教育过程中使每个人的身心和能力都能得到最大程度的发展。以学生为中心，加强师生互动，以学生的音乐感受和参与为核心是教育的主题思想。

4.以个性发展为重点

每个学生均可获得个人对音乐的认识、欣赏与体验，参与各种音乐娱乐活动，表达自己的情感的机会。既要让所有学生都要参与，又要对每个学生因材施教。创造一种生动活泼的、灵活多样的教学方法，从而促进每个学生的个性的发展。

5.专注于音乐实践

在音乐教学中，要重视对学生的艺术实践教学，并通过多种方式让他们获得音乐的美育经验。在教学中，要提高学生实践音乐的自信心，并发展其与他人合作的技能。

6.鼓励创造

在中小学音乐教育中，创造性是指通过音乐来培养学生的想象力和创造力。在教学中，要设置好内容、形式、情境，加强学生的想象能力，从而培养学生的创造力。评价一首乐曲是否具有创造力，要从创作者创造的过程开始判别。

7.提倡课程融合

"综合性"的"音乐教学"，是把音乐和其他课程有机地融合在一起；如将音乐、舞蹈、戏剧、电影、电视、艺术等进行组合。音乐与其他课程的组合，在具体操作上，应以音乐为主，将具体的音乐材料与其他艺术、其他专业联系起来。

8.彰显民族特色

在音乐课程中，应以各民族优秀传统音乐为主，使学生了解并热爱自己祖国的传统音乐，增强他们的爱国情怀。在新时代背景下，我们应当把中国优秀的民族音乐作品纳入新时代的教育内容中。

9.尊重不同国家音乐

要实现世界的和平与发展，就必须建立在彼此理解、互相尊重的基础上。在强调弘扬民族音乐的同时，也要以更宽广的视野，去了解、尊重不同国家的音乐，通过教育，树立平等、多元化的价值观，使我们能共享一切人类的丰功伟绩。

10.改善评价机制

以对学生进行全面的素质教育为目标，以实现音乐课程的价值为核心，建立综合性的评价制度。对教师的评价应从学生、教师和课程管理三个方面进行。这个评价指标不仅要涵盖音乐科目，而且要关注学生的兴趣、爱好、情感反应、参与的态度和音乐的水平，更要关注音乐的教学效果和方法。要把评价手段应用到教育教学中，以促进学生的全面发展，不断提升教师的教学水平，不断完善教育教学的质量。

二、中小学音乐教学的目的

（一）总体方针

在明确当代美育价值观的前提下，要明确音乐课程的教学目标。在教学中，教师应利用各种实践训练，培养学生的音乐兴趣、音乐鉴赏、音乐表现和创作的能力，提高学生的音乐文化素养，净化学生的情感，培养学生的情操。上述教学目标可分为三个层面。

1.情感态度与价值观

（1）丰富情感体验，并对生活抱有积极的态度。

在音乐教育过程中，我们能够通过对学生的情感感染，使学生对亲人、朋友、同学，以及一切美好的事物产生一种爱，进而使学生拥有一种对生活的乐观态度，对美好的事物产生向往与追求。

（2）培养学生对音乐的强烈兴趣，并保持终身的好奇心。

通过各种行之有效的方式，让学生与音乐产生联系，在自己的亲身经历中，让他们喜欢上音乐，掌握基础的音乐知识与技能，并逐步养成一种享受的习惯，为终身热爱音乐奠定基础。

（3）对学生进行音乐美学与品德教育。

通过对音乐作品的情感、风格、思想倾向、人文内涵等方面的学习，来提高学生对音乐作品的鉴赏和评价能力，从而使学生能够在音乐的境界中获得升华。

（4）培养爱国主义精神和集体主义精神。

很多赞美祖国的山川、人民、历史、文化、社会的歌曲，可以培养学生的爱国主义精神；而在教学过程中，要教会学生宽容、理解、尊重进而提高其文化素养。

（5）尊重艺术并认识各种文化。

我们应该尊重艺术家的创造性，并学会欣赏艺术作品。通过学习不同国家、不同民族、不同时期的歌曲，体会不同民族的音乐情怀，了解不同民族的音乐特色，进一步了解中国和其他国家的民族音乐的不同。

2.过程与方法

（1）体验。

倡导全方位的聆听，使学生在欣赏中获得愉悦的感受与体验；并鼓励学生积极地进行学习，让他们能够充分地发挥自己的想象力；在音乐教育中，要尊重并鼓励学生表达自己的想法。

（2）跟随。

根据中低年龄段学生的身心特征，在音乐教学的过程中，鼓励学生模仿，使学生能够在情绪上得到满足，为他们今后音乐表现的发展奠定了坚实基础。

（3）考察。

音乐课程的目的是通过一个开放、有趣的教学环境，来提高学生对音乐的好奇心和探索的欲望，让他们能够在教室中进行独立的探索，在教学中，教师要注重对他们的创造力的培养。

（4）互相配合。

借由集体弹奏或合唱活动，提升学生的集体合作意识。

（5）合并。

有效地渗透和运用其他的艺术表现形式，让学生更好地理解音乐的含义及其在人的艺术活动中的功能。

3.知识与技能

（1）音乐基础。

掌握基本的音乐表现形式（如力度、速度、音色、节奏、旋律、和声等），常用的乐句（曲型），曲类，风格等。

（2）基本技术。

学会基础的唱歌与弹奏技术，使学生能在歌唱中充满信心、自然、富有表现力；在音乐的听觉基础上，通过了解和表现作品来提升自己的鉴赏能力。

（3）创作史。

能用一种随意的、即兴的方式表达情感，学习创作的基础技能。通过了解中国作曲家的生平及作品的题材、体裁、风格，我们可以对不同时期、不同民族的音乐有一个粗略的了解。

（4）涉及相关文化的音乐。

了解音乐与姊妹艺术的联系与不同，如各音乐的基本形式、形式特征、与其他音乐类型之外的曲种的关系。根据自己的生活经验和已有的认识，理解它的社会功能，清楚它与社会的关系。

（二）课程设置

九年义务教育阶段的音乐教学目标可分为三个阶段。

1—2年级：

在这个时期，要了解学生的形象思考、好奇、好动、模仿力强的生理和心理特点，运用歌唱、舞蹈、游戏等多种形式，对学生进行可视化的教育。激发并培养学生对音乐的兴趣，发展其音乐意识，体会音乐的美。让学生能自然地有感情地参与演出和现场作曲。

3—6年级：

此阶段的学生，其生活与认知范围不断扩大，体验与创造能力不断增强。在进行音乐教育的时候，要注重对学生全方位的情感教育，对音乐的体裁、形式进行多样化教学，增加演奏和创造的分量，让音乐在课堂上变得更加生动，更加具有感染力。在教学中，要使学生对音乐产生强烈的兴趣，并能使其主动参与多种形式的音乐教学活动。培养学生的乐感与鉴赏力，提高他们弹奏乐曲的能力，培养他们的想象力与创造力，培养他们的乐观与友爱精神。

7—9年级：

学生的生理、心理都已经发展到了较成熟的阶段，他们的参与意识和交流意愿都得到了提升，他们获取知识、信息的渠道也得到了扩大，在学习上有了自己的初步体验，他们的情感表现形式也出现了明显的变化。在教学中教师应强化学生的基本弹奏技能，积极开展各类艺术实践活动。在教学过程中，教师应不断拓宽学生的美学视野，坚持"以人为本"的教育理念。训练学生对音乐之感受与判断的技巧，进而提升其对音乐的欣赏能力与欣赏的兴趣。训练学生的弹奏技巧。丰富并提高学生的想象力和创造力，培养好的生活情趣、积极向上的态度，加强其团体合作意识，提升团体合作的意识。

三、中学音乐教育中以核心素养为导向的创造力教育

（一）核心素养视野下的中学音乐创造力培养

1.推动学生的全面发展

在全面推进素质教育的今天，人们越来越重视学生的全面发展。在新的教育方式下，音乐教育是一种促进人的全面发展的重要途径，它既可以使人的心灵得到升华，又可以使人的心理压力得到缓解，使人在轻松愉快的氛围中得到情感的宣泄。除此之外，在中学的音乐课堂中，我们不仅要让学生掌握乐谱，还要向学生展示器乐、鉴赏等多种音乐课程，只有这样，教师才能充分利用音乐课程，使学生认识到音乐的美丽，从而提升学生的综合素质，在多样化的音乐体系中，培养学生的创新能力。

2.优化中学生的心理品质

在音乐教育中，要实现人的全面发展，就要打破"硬塞式"的教育模式，化被动为主动，把提高学生核心素养作为重点，转变教育观念。在教学中，教师运用信息技术、协作学习、分层教学等方法，对学生进行创新能力的培育，同时运用新思维，使教学的整体效果得到提高。

（二）以核心素养为指导的中学音乐教学原则

1.主体性原则

在素质教育背景下，要培养学生的创新思维，就应坚持"以人为本"的教学理念，使授课老师成为一名引导者。要树立"主体性"的教育观，改变学生的学习方法，化被动学习为主动学习。

2.层析原则

每一个学生都是一个可以自主发展的人，由于受到了诸如家庭和生活等各种因素的限制，他们的学习水平、学习能力，以及审美能力都有所不同。所以，在中学的音乐教育中，要想让每个学生都能有所收获，就需要重视学生的层次感发展，以落实分层的教学观念，达到相互促进、共同发展的目的，让不同层次的思维产生有利的碰撞。

（三）核心素养背景下的中学音乐教学创新能力培养

1.激起学生思维的热情

在互联网的飞速发展时代，教育与教学也随之产生了巨大的变革，各种信息技术正无时无刻不在给教学带来变革，特别是微课，给人们带来了全新的体验。要想在中学音乐教育中更好地发挥学生的创造性，就需要利用信息资源，让学生的创造性得到更大的发展。比如，《走进新时代》是一首歌颂中国新时代的歌曲，它曲调舒缓，情感充沛，唱起来不仅可以激发学生的一腔热血，还可以弘扬中国新时代的优秀文化。为了让学生们的思维火花能够更好地被点燃，我们可以用微课的形式，将国家的发展变化呈现在学生面前，在音乐娱乐化、信息化的背景下，提高学生的创造力和欣赏力，让学生在聆听的同时，能够得到不一样的感受，并且能够针对音乐的特点，对音乐的节拍进行优化。

2.创造有利的教学氛围，激发学生的主动精神

情境教育始终都是一种很好的激发学生学习积极性的方式，利用电影、实物、视频、图片、道具等来创造一种学习氛围，能够提高学生的

情感体验，进而扩大音乐的教学范围，在教师对音乐素材和音乐风格的探究和剖析中，让学生能够得到创造性的思考。例如，在学习《美丽的草原我的家》这首歌时，教师通过插图把蒙古族的风光、土特产、传统服饰、信仰等信息告诉学生，让学生对蒙古族的音乐产生一种特殊的感情，进而激发学生的爱国热情，让学生了解到中国的民族文化。同时，教师为学生们展示马头琴并用其演奏，让学生们在优美的曲调中感受其魅力。教师还采用合唱法、听赏法、表演法等教学方法，使学生们对这首曲子产生浓厚的兴趣，并用自己独特的唱法表达自己的情感。

3.实施层次化教学，以提高学生的创新能力

为了提高课堂的学生参与度，教师教课时既要做到"以人为本"，又要做到"因人而异"，还要做到"多才多艺"。分层教学法是一种有效的教学方法，它可以有效地解决教学中存在的问题。我们可以针对不同的学生群体，用A、B、C三种教学模式，让他们在不同的情境中，提升思维能力，营造一个民主的学习氛围。比如执教《八音和鸣》一课时，教师可以利用"百鸟朝凤""江河奔流""夜已深"等，让各个等级的学生通过对比，了解并把握这些乐器的音色，再利用二胡、唢呐、京胡等乐器，让各个等级的学生都能感受到这些乐器所包含的音乐情感。要想提高学生的创造力，教师可以让学生担任"小老师"，开设一门音乐欣赏课，让他们在与别人的互动中学会倾听和欣赏；在互相评价的过程中，让他们可以对自己有一个整体的了解，进而达到思维灵感的碰撞；在与别人的交流中，可以培养出学生的音乐核心素养。

4.以生活为载体，活化学生的思维品质

音乐与我们的生活是紧密相连的，教师在音乐教学中充满对生活的热情，才能更好地将学生的创造性发挥出来。例如，执教《年轻的朋友》一课时，教师可以用"友谊"这个话题来引导学生，并让他们回忆有关友谊的事情。在这种活跃的创作活动中，学生得到了情感的滋养，使其在演唱时能更好地表达自己的情感。以自己亲身体验的友情为素材，通过创作、写作、表演等方式，培养学生的创新思维能力。此外，

为了更好地提高学生的创造力，我们还可以对学生开展"我是创造者"的评选活动。在开展评选活动的过程中，我们还会向学生提供切实的物质奖励，让他们在情感与生活的交融过程中，充分发挥出自己的创造力，让他们可以通过自己的行为和语言来表达自己的思想，让他们在学习音乐的过程中，激发自身的创造性，从而推动中学学习生活的高效发展。

为此，在实施"生活教育"的基础上，教师既要落实"以人为本"的教学理念，又要为学生提供更广阔的发展空间，来强化中学生的创新思维。教师通过信息融合、分层教学、生活一体化、情境创设等多种教学手段，进一步提高教学效果。

第四章　中小学音乐教学的音乐心理行为

第一节　音乐听觉感知及其发展

一、听觉的基本原理

所谓"感知"，就是人的感官知觉。感知是人对于客观事物的表象，在与外在联系时所做出的一种全面的反应。与感觉相同，知觉也是人对于客观事物的直接反映，但知觉是对事物各个属性的综合反映，它是多种感觉的集成。感觉是感知的根本和前提，感知是感觉的进一步深化处理。

"听觉"是指"声音"将讯息传递到耳中，从而引发人体一连串的神经反应的一种感受。对音乐的听觉认知，是以"声音"为知觉载体，由人脑加以解析的一种生理活动。"声音"的出现刺激了人的感觉的生成，而"声音"被大脑所接受和处理，形成一种信号，则是感知的生成。

人们通过"听觉"来感受"声音"，通过"听"来感知和享受"音乐"，这就是"听觉"享受与"其他"艺术的最大不同之处。

我们对声学符号的认知表现在两个方面。一方面是全面的认识。在感受阶段，外部的信息经过声音的传递，被审美主体所接受，从而获得了事物个体的表面特性，也就是感性表象。比如，在视唱练耳的课堂上对和弦的辨别，在钢琴演奏第三级和弦时，人们首先会联想到协和的多音调，或者会联想到第三级和弦这个符号，从而在大脑中形成一个简单而直观的形象。另一个方面是感性的认知。在感知层面，人们对不同的感觉现象进行了感知处理和判断，从而获得了感知概念。比如，对不同音高的大三和弦进行综合分析，最后得到，所有的大三度叠加小三度都可以得到大三和弦，这就是知觉认知，具体就是听觉认知。

听力的培养要先从感知入手，而提高听力水平更离不开感知。在音乐中，音调、旋律等与感知能力密切相关。特别是在音乐中，要了解音高的关系，音高的感知能力，除了要进行乐理知识的学习，还要经过长时间的音乐熏陶和有目的的练习才能达成。例如，在视唱练耳的课堂上，可以在学习新的音程或和弦的关系时，首先用视唱的方式来掌握它们，这样可以为后面的听觉做好准备。而这些积累就是我们的听觉思维的基础，它是大量的视唱在我们的脑中储存起来的音乐记忆。视唱法的教学与培养良好的听觉是密不可分的，视唱法教学与听觉、知觉都有着密切的联系。

音高、音量、音色、音长是声音的四大元素，而节拍、和声、调式等是音乐的基本元素，对这些元素产生的音乐感受力就是音乐听觉。在学习音乐的时候，音乐的听觉能力是必须要掌握的一项基本能力，它所反映的是人在接受音乐刺激的时候，从生理辨别到后期一系列的认知心理环节，经过"感觉感知—记忆储存—想象思考"过程的加工之后，展现出的真正的分析与识别音乐要素的能力。

音乐的听觉认知过程，一般情况下，包括对作品的风格、结构、和声、作曲技巧等的认知进行分析，而视唱练耳就是一个对音乐进行感知和认知的重要手段。听觉训练是视唱练耳课程的一个主要内容，与"注意""记忆""动机"等认知心理学的理念有着密切的关系。

在视唱练耳课中，教师将乐谱上的音乐与自己所积累和存储的知识内容结合起来，通过情境，输出给学生。学生使用听觉来接收信息，感知音乐讯息，将听到的信息输入到大脑，在大脑中进行信息加工、记忆和储存，这就是视唱训练的认知过程。在此过程中，"注意"是对音乐信息的搜集，"记忆"是对音乐知识的记忆和存储，"动机"是对学习结果的影响。

　　在音乐的听觉心理活动中，大脑负责对接收的信号进行收集与分辨，然后向各神经系统传送识别结果，即我们通过歌唱收集并识别音乐符号，比如单音或是旋律。乐感听力的产生是由于人脑对乐感听力进行了积极的分析，因此，教学的重点在于对乐感听力的培养。"视唱练耳"的教学目的在于指导学生在"听"中去积累音调、节奏、和声等各种音乐词汇，所以，对其进行音乐思维的训练，与"视唱练耳"这门学科的特点相吻合。"音乐识记"是在音乐素材的不断重复作用下，人脑对其进行的一种自觉或不自觉的记忆过程。视唱法的练习，一般都是针对有意识的记忆进行的。学习者通过对所获得的听力体验进行反复记忆，将听力体验的内容储存在脑中，并不断地进行分析和联想。潜意识记忆在视唱法的教学中也可以起到很好的效果。比如，在一首曲子里，潜意识记忆对高音很敏感，但对低音记忆却很弱。在视唱训练的和弦模唱中，可以把和弦分成三次来演奏，在第一次演奏时，要迅速地记住冠音的音高，这时可以把重点放在冠音的钢琴音上。再重复一次，就能听到根调，再重复一次，就能听到中调。学生要获得标准的答案，必须与潜意识记忆的特性相结合，将听觉集中在低音部分，然后根据音高距离或者和弦色彩来精确推断出答案。要想培养学生的分层识别的意识，首先要消除先前所识别的音响对他们的影响，然后，再慢慢地培养他们对音乐听觉的整体感与色彩感。

　　人的听力不仅是从长时间的听力经历演变而来的，还与其生活的文化背景密切相关。比如，歌手对音调的敏感度要比普通人高，而器乐演奏师对音调的敏感度要比歌手还要高，这与他们的专业训练有关。在人类的音乐听觉中，认识心理具有较强的能动性和选择性，它的内涵也比较丰富。视唱训练要将认知心理学的有关知识和原则联系起来，融入每天的课堂教学中，进而探索出更多、更有效的视唱训练方式。

二、现代音乐听觉训练的策略与方法

（一）注重现代音乐听觉感知能力的培养

音乐具有一种流态化的声学形式，灵敏、精确的声音是人们对音乐感官的最根本需求，也是对其进行探测的重要前提。音乐听觉能力可以分成两个层面：①听辨能力，是指对组成音乐的各个基本元素的听辨和识别能力；②对全曲的感觉，也就是对整个乐曲的声学认知。它是根据音乐的法则，从整体上掌握各个元素构成的乐理，即对整个乐章的理解。对音乐、音响的整体认识与掌握，是非常必要的。通过这种方式，我们可以更深刻地体会到这首乐曲所包含的情感，更好地体会到它的艺术意象，从而增强自身的美学水平。

培养当代学生音乐知觉的基本目的在于发展其对声音的响应。主要内容有：①识别音乐和音响的基本要素。对于当代音乐而言，要理解和把握新的音乐，就必须具备对新的音乐语言的理解。②加强学生对当代音乐的综合感知。在运用音乐的声学、色彩、结构等方面，培养学生对当代音乐的整体感知。声音的总体色调表现为音程与和弦的特性及和谐度。③提高学生对现代音乐声学的鉴赏性。音乐是一门极具感情色彩的艺术，所以，我们应该重视感官的感受，把握声音的构造形态，再把它们与理性认知有机地联系起来，从而更准确、更深刻地了解音乐的意义。

音乐是多种不同的音乐表达因素交互作用的产物，绝非单一或局部的，因此，听力的研究应将音乐的微观元素与宏观的整体构造有机地联系起来，即在微观上了解一首乐曲的声学特征，并从宏观上对其进行全面的组织，从而全面地掌握现代音乐的创作。所以，建构完整的认知原理，可以帮助教师加强对当代音乐的理解与解析，以及对当代音乐听力的培养方向的掌握。

（二）构建现代听力教学的教学方式

当代的音乐听力培训方式既具有丰富、全面的特点，又具有复杂性，所以在教学中要将这个复杂的学习过程进行分解，使学生能够更容易地接受新知识。教师应在单一要素的基础上，从各个方面进行综合的练习。在逐步发展的基础上，通过对单一要素的持续积累，培养学生对整个音乐的认识，达到对当代音乐听力教学的全面认识。

现代的音乐听力培训主要是以音乐作品为一个有机的总体来进行听觉的培养，然后对各种类型的音乐作品进行个体化的培训。就当代音乐而言，音色、音区、节奏、速度、力度等方面的表现，都是影响音乐创作的重要因素。

它的主要特点是：

1.广义

当代艺术创作手法使得声学上的音质、音域、节奏、节拍、速度、力度、音色等方面都有了很大的发展和提高。各种音乐元素在整个乐曲中的演化过程中有着丰富、广泛、全面和准确的特点。

2.创意

在音乐实践中，如果没有创新的想象力，就无法创造出新颖独特的作品；如果没有创新的想象力，就无法赋予音乐作品更多的吸引力；没有创意的想象力，就无法与观众进行精神交流。

在当代的音乐听力培训中，教师通过锻炼内在的感觉和模拟声学技巧，使学生的内在想象力得到最大限度的开发。

3.融合

现代音乐听力培训是为教学而设计的。现代音乐的声音由紧张和放松交错组成，着重于对声音的高低、强弱、快慢等的听觉感知，并感受声音所产生的张力和舒适度的变化。

作为一名音乐教师，在教学过程中，一定要加强对现代音乐的了解，使其达到理论技巧和内在意象的完美融合。而作为一名学生，在学习当代音乐的过程中，必须加强对现代音乐的认知与把握。因此，强化当代的听力教学势在必行。

4.实践

视唱练习并非纯粹的技术培训，更非脱离现实的音乐教学，而是一种对声音的感受。在听力教学中，学生必须贴近实际声学，感受音乐的流淌，从而产生一种丰富的乐感。利用多媒体技术进行现代音乐听力培训是非常好的选择，它可以成为一种实用的声学培训手段。

要构建当代的音乐听力模型，必须充分发挥它的实用性：①在声学上，学生要通过听觉来了解整个声场中的音高、和弦、节律与节拍之间的联系。教师通过对个别音乐元素的培训，使学生能够独立、清晰地进行听力的训练。只有在掌握单一要素的正确感受的基础上，才能全面、准确地感知音乐作品，实现对整体音乐的认识并积累丰富的美学经验，构建以单一要素训练为基础、以整体训练为目标的训练方式，使其朝着丰富、全面、具体、准确的趋势发展。②在音乐中，局部声学的表达要素与整个声学的构造方法同样具有重要意义。如果只注重部分练习，忽视音乐的整体培养，在了解作品时，很容易脱离音乐。所以，要将单一要素与音乐的创作相融合，从而强化单一要素和总体要素之间的关系。③全面了解音乐作品，是整个听力教学活动的终极目标。听力练习必须以整体的音乐为基础，使整体的声音效果得到充分的发挥。在当代乐曲中，运用多种不同的因素，以新颖的手法，使乐句之间相互渗透、相互影响，而在各个语境中，各个要素都会以全新的表达形式来进行整合。从总体走向局部、由朦胧走向明朗、由简约走向繁复是音乐美学的基本法则。我们应该从整体的、模糊的音响中寻找单一、局部、清晰的要素，通过实际的练习，把握音乐基本要素的组成，以提高对音乐的认识和表现的水平。

（三）当代音乐听力教学的基本途径

1.练习声部

音程是音列中各音阶之间的联系，是微小音高的组合，所以要从音程开始培养听力。在当代音乐创作中，音调的感受总是受到干扰，仅凭调子的感受是无法做到的。

在所有的音质中，音程是一种特殊的声学形式。音乐是由不同的声调构成的，和弦是一种与音程相融合的产物。因此，在听力练习中，对音程的把握尤为重要。在视唱练耳中，教师始终将音程的学习视为一个十分关键的环节。

不管是古代或当代，"音乐"的出现都必然与音程有关，尽管二者对音程的影响各有差异，但是其距离观念是相同的。其实，在视唱练习中，作为当代音乐中的听力练习，其规则与原理已经处于较高水平。为此，现在的教学必须突破传统的声学概念，构建独立的音程认知模型，为声高听力的培养奠定坚实的基础。

2.练习合奏

和弦谐振是认识与接纳当代音乐的一个关键要素。尤其是在当代音乐作品中，运用新的教学方法来培养学生的听力响应是非常有意义的。

现在的大部分和弦都是四度、五度叠加，二度叠加，较高级的叠置和更高级的和弦。

在聆听这些和弦的时候，你必须分辨出这些和弦的各个音程，而不仅仅是它们的音色。

因此，重点在于对音程的练习，即在和音中感受音程，并对音程有一定的了解。

以上所说的训练，即以各种基本音阶为起点，将各种音程讯息叠置，形成新的声部，在训练中，要注重从简单至复杂，循序渐进，注重前部参考音，以了解其整体声学效应，并能精确辨别两者间的差别，把握其整体声学特性。

各种声学练习是听力的一项重要内容，而要真正掌握好各个和弦（包括音束和弦），要注重音程的学习，它是构成丰富多彩多变声音的重要因素。

第二节 音乐审美意识及其培养

一、音乐在美育中的重要作用

审美的自觉性和自主性是所有审美活动的起点。

音乐作为一门以声音为载体的艺术表现手法，其历史悠久，是人们表达感情、获得感情共鸣的重要途径。在音乐教学中，教师应从一种职业的角度来培养学生的声音表达能力，这一过程不仅要表现出歌唱的艺术，更要表现出对这种艺术的鉴赏与理解。

（一）挖掘音乐美

美学最基本的表达方式就是对美的追求和表达，而"声音"作为一种中间介质，与美建立起一种紧密的联系。在音乐教学过程中，由于受到各种客观因素的限制，人们对美的理解往往是多角度、多层次的。在教学中，要实现音乐的艺术性与美学的有机结合，就需要对学生进行全面的综合训练。在音乐教学中，利用音乐的方法，营造出一种浓厚的艺术氛围，让学生从陌生到熟悉，从开始的不理解，到逐渐的接受，找到自己的鉴赏方法；让学生从审美的角度去体会它的价值，并在此基础上，将美学观念渗透到音乐的表达中。

（二）在音乐教学中彰显艺术美

每一个人的嗓音都有其独有的特征，由于不同人的嗓子状态、情感体验和审美准则都存在着巨大的差异，因此，每个人所表达出来的音乐效果也会存在着巨大的差异。在音乐教学中，最基本的目标就是要发挥学生自身的优点，创建自己的个性，使自己的声音更加优美、更有辨识度。但是，在实际工作中，因为不能对学生的声音条件、情感价值和审美标准等方面进行全面的把握，使得一些教师的工作重心从对艺术美感的追求转移到了对艺术的要求上，这就造成了重技术、轻艺术的演唱，使音乐失去了本身的艺术魅力。例如，在音乐鉴赏中，我们经常会发现，歌手们利用自己的声音优势，在音量和音高上炫耀，却忽视了对音质的表现，从而造成了乐曲的技术内涵和美学效果的缺失。所以，在音乐教学中，教师们要从培养学生的美学理念开始，打破以技术为核心的训练模式，将音乐的艺术活动与学生的审美体验相融合，利用声音创作出具有感染力的乐曲，让听众既能感受到音乐，又能感受到美。

二、论音乐教育中的美育

（一）加强对学生的听觉教育，使他们接受审美教育

在音乐教学中，倾听是培养审美意识的前提，只有认真倾听，学生们才能从声音中感受一种艺术的美，并引发自己的情感体验，进而体会到声音的多样性。所以，在教学过程中，教师应在理论与实践两个层面上，加强对声学知识的训练，并通过视听手段，准确地辨识和掌握乐曲的情意结构，让他们体会到作品在表达感情时所体现出来的艺术性，进而在情绪感知的影响下，提高学生对美的感受与领悟。

（二）把握好语音训练的整个流程，把审美教育融入日常教育中

要想表现出声音的美，需要有系统的、科学的语音训练，以及长期的艺术素养与审美理念的培养。在音乐课堂上，常常会遇到这样的学

生，他们的音质很好，声音也很大，但在唱歌的时候，因为呼吸和发声不到位，出现了破音、走调等情况。在音乐教学中，应将语音训练与审美训练相结合，通过专业的、系统的、科学的训练，培养出具有审美价值的人才。

（三）加强对学生舞台实践活动的引导，培养学生全面的审美意识

在对学生审美素养的培养方面，除了对它要有直观的感觉外，也要对它的内在有所认知。目前，我国的音乐教学中，几乎没有给学生提供什么实践的机会，而且，在教学过程中，只注重对声音美的理解，忽视了对声音美的测试，这不利于学生形成自己的音乐个性。为此，中小学教师要在不同层次上，为学生提供更多的舞台实践机会，以提升学生的音乐审美素养为出发点，使学生在舞台实践中得到更好的发挥。就音乐教育而言，可以开展多种形式的音乐活动，丰富学校的文化气氛；学校和教师要引导学生参加各种校内和校外的音乐比赛，让他们对音乐的美学有更深刻的认识，并引导他们形成自己的音乐经验，让他们的音乐美学理念得到提升。

（四）加强音乐和文学结合，促进中小学学生文化素质的提升

乐曲在理论上尚无明确的定义，但在音乐审美中的作用是巨大的。

在艺术层面上，音乐审美的感知和感觉都是以语言为载体。而流行歌曲的题材或者内容通常都与文学相关，它的歌词一般都是一首短诗，倾听者能从歌曲的韵味中感受到更深层次的理解，以及情绪的转换。在民间歌曲中，也有许多韵律的变化。如果人们对通俗语言的认识仅限于"模拟""歌唱"等层次，那么人们就难以通过"批评"来认识"真实"的"美"。因此，在对中小学学生进行音乐审美意识的培育时，必须重视对学生人文素养的提高。音乐和文学相结合，才能真正提高学生对音乐的审美层次。

第三节　音乐教学中的认知发展

一、认知发展论纲要

瑞士皮亚杰的"认知发展"理论对我们的音乐教育具有一定的启示作用。音乐所表达的情感具有抽象性。因此，对音乐的学习，必须由情到理，再由理到情。从这种认识方式的角度来看，音乐具有正向和积极的特点。

皮亚杰的认识发展学说，把人的认识看作是人和周围环境之间的互动过程。当人们感到自己的内心世界与真实世界发生冲突时，他们会做出两个选择：一是"同化"，把外部世界的信息转换成符合自身内心世界的信息；另一种方法被称为"顺化"，就是积极地调整自己的内心，使之与外部环境相一致。人的内心世界和"外在境遇"在"同化"和"顺化"中达到一种平衡，人们的认知经历了一次又一次的拆解和重构，最终形成一个更为科学和完善的认知系统。

二、对音乐教学的认识

要在"认知发展"理论的基础上，建立起"教师角色"。教师把学习看成一个认知的过程，把学生看成认知的整体，让学生接触不熟悉的事物，让外部的环境因素来影响他们的内在心理认知体系。"同化"和"顺化"的过程，则是一个更为科学和完整的认知系统。同时，由于其"感性""抽象"的特点，"认知发展"的思想在音乐教育中的应用也更加适合。

例如，教师让学生回想自己看到的江河，并用语言来形容江河的变化，表达出自己对江河沿岸生活的体会。在此基础上，教师再运用各种多媒体技术，让学生模拟出各种水声。旨在启发和检视学生对于河川情态形式的认知系统。接着，在教师的指导下，由"江河水声"的旋律，突破原有的"平衡点"，产生一种"挑战"，再用"同化"和"顺化"的方式，由"对自然界意象的领悟"过渡到"对音乐现象的领悟"。

通过"认知发展"思想，我们可以将学生"主体性"的位置从"学习者"的位置上移开，从而构建出一种全新的、更高层次的认知系统。在新课程标准下，用"认知发展"思想来引导学生的音乐教育，是一种全新的思路。

第四节　音乐教学中的情感教育

一、情绪教育功能

（一）教师的积极情感在学生的学习中具有诱导作用

教师的积极情感能激发学生的学习兴趣。兴趣来自教学，当师生情感相投、关系亲密时，学生就会对学习有强烈的兴趣，进而形成"亲其师，信其道"的精神。

（二）在调节过程中，教师的情绪发挥着重要作用

教师的情绪能够影响学生的情绪，如教学过程中，教师如果表现出冷漠、埋怨、厌烦等情绪，那么学生就会产生厌学、抗拒的情绪，进而压制学生良好的认识与热爱的情绪。相反，教师在课堂上表现出的是一种积极向上、满腔热忱的态度，学生也会更积极地参与课堂活动，进而收获更好的教学效果。

（三）教师的态度影响学生心态

教师尊重、信任、关心学生，学生感受到教师的善意，会更"倾心"于教师，更乐于接近教师，也更愿意接受教师的教导。而教师在与学生亲近后，能更了解学生的需求，更有利于实施教育。

二、三重情感教育

音乐课程作为一种艺术的情意课程，旨在让学生在学习中，通过对自己所熟悉的生活经历、对自己所学的知识和对音乐的领悟，感受到其中所蕴含的生命之乐与生命之美。

（一）有效期

托尔斯泰曾说过："教育的成功，不在强制，而在激发学生的积极性。"在极度自由的环境中，人们对生命的探索与体验，富有创造性与前卫性。

只有在一个活跃的思维环境中，才能提高学生的精神境界、情感境界、品位境界、思维境界、接受境界，才能提高教学效率，调动学生的积极性，使他们在专注、放松的状态下进行学习。

音乐情境有不同的创设作用：在教学的起始和结束阶段，它可以营造出一种愉快的氛围，引发学生的审美情感和审美欲望；把每一个环节都同教学内容联系在一起，能使学生产生新的审美心理、审美理念和审美愿望；将其运用于教科书，将会使原有的审美要素得到充实。

（二）引导期

音乐的魅力在于其声音。在一般人看来，歌声常常是一种发泄情感的途径，在歌声里，我们能感觉到欢乐的气息、忧伤的踪迹等；在作曲家、演奏家和歌手看来，"曲"不是"作"的，而是情感的倾泻，是呐喊，是哭泣，是爆发。这就需要教师在教学中对学生进行正确的引导，引导他们理解情感，培养他们对音乐的认识与体验。

感受与体验的获得，不是靠外界的知识灌输，也不是靠技能的训练，而是让学生自己去感受美、创造美、欣赏美的威力，追求美的享受。黑格尔曾经说："使世界上的一切人，都能够感受到自己内心最深层与最黑暗之处所能够经历与创造的事物，并以愉悦的目光与情感去欣赏。"情趣的培育与情感的体味，是我们中小学音乐教学的重要组成部分。运用趣味性的音乐教学方法，不仅可以使学生得到快乐，也可以使学生对音乐产生浓厚的兴趣。在教学过程中，应采用各种有趣的形式，调动学生的学习热情，让他们主动地投入创作中。

在音乐教学中，教师应综合运用各种教学方法，以"听觉"为主，"情感"为辅，通过各种方式，让学生发挥主观能动性，去体会歌曲中所蕴含的情绪，体会演唱的方式。比如，利用直观的图形让学生通过试验，自己做出判断，最终达成目标；在实际操作中，通过自身的体验验证，调动学生的热情，打开他们的心灵，使他们在情感的喷涌中欣赏美，充分体会音乐中蕴含丰富情感。

所以，情感是一种很重要的精神因素，而音乐又是某种情感因素的体现。在音乐课中，教师应善于运用生动活泼的语言，使学生感受到快乐，实现"以美为本"的目标。

（三）晋升

音乐是一种不分国界的语言，是一种情感信息，能被人领会，无论是中国民族乐还是西洋乐，无论是古典乐还是流行乐。如何使学生在音乐教学中更好地体验？如何提高他们的音乐情感，是音乐教育家所要考虑的问题。

在音乐教学中，教师要引导学生积极地参与，根据学生的音乐水平，有针对性地进行探索，寻找他们在音乐上的"闪光点"，以此来提高他们的音乐创造意识。

在音乐教学中，通过音乐环境、音乐情趣的教化与熏陶，运用不同的美育方式，激发学生对美的感知，使学生在轻松、欢快的音乐环境中更好地学习。

三、情绪教育在音乐教学中的运用

美国的教育家穆塞尔、格连曾在《中小学音乐教学法》一书中指出："只要我们能够让孩子们对音乐产生兴趣，并且能够让孩子们对自己的兴趣不断提高，那么，即使孩子们并不是一位杰出的艺术家，他们也一定能够从中获得乐趣！"我们的教师，就像一位美丽的使者，向孩子们的心灵播撒最美的种子，让孩子们找到属于自己的音乐源泉，一生都沉浸在音乐之中。

（一）教师应仁爱

作为一个音乐教师，你要爱你的学生。如果说音乐是有能量的东西，那么爱具有更大的能量。教育是一件充满了爱和情感的工作，所以，音乐教师要对自己的工作充满热情，要有高尚的职业精神，要用自己的音乐去关爱并尊重每一个学生。充满热情，积极主动的工作态度能够感染学生的创作热情。透过心灵沟通，能营造出一种愉悦的氛围。

（二）转换教师角色

要转变传统的教育模式，把学习主动权交给学生，不要让他们产生"上音乐课是负担，听音乐是工作"的错觉。一般情况下，刚进入新的环境，都会因为之前的教学方法而产生一些波澜，但是一旦进入了新环境，就会有一种豁然开朗的感觉，在这个过程中，学生还能不能保持良好的心态，保持对音乐的热爱，这主要看两点，一是自身的快乐，二是教师的外在支持。在课堂上，教师可以深入到学生之中，与学生一起讨论，拉近与学生的距离，营造一种愉快的教学气氛，让学生在学习的过程中感受到快乐；在授课过程中，教师采取一人一组的方法，让学生对作业的布置有一种直观的认识，并时刻注意学生的学习进度，给学生更多的鼓励和更多理论上的指导，让学生感受到教师在为自己而努力。根据学生的潜能及个性特征，采用弹性教学法，达到因材施教的目的。教师是课堂的组织者，要在充分了解学生的基础上，营造一种轻松、愉快、信任、尊重、合作的氛围，提高学生自信心，让学生把教师当成"大朋友"，愿意接近教师，与教师交流，与教师分享乐趣，并在此基础上，逐步体会到这样的转变是切实可行的。

（三）评价要体现人性化，才能激励学生主动参与

例如，有几个学生在一次音乐训练中表现得非常糟糕，这时教师要给予他们帮助，让他们多钻研自己的演唱技巧，教师要用自己的意见和建议，帮助他们更好地发挥出自己的潜力，让学生永远保持自信。

比如在"音乐赏析"这门课程中，学生可以通过诗歌的形式来表达自己的感受，教师应该充分尊重学生的个性，让学生根据自己的喜好，用自己的审美、文学、艺术化的眼光去描绘。实践证明，该方法能更好地调动学生的想象力和创造力。教师应以发展的观点看待学生，使学生在校园中愉快地生活。

（四）以"听其言"为己任

现代教育观念把"教学"看成是"学"与"教"的统一，其实质是"人与人"的沟通与共进。

在课程结束时，教师会为学生留下一定的空间，允许学生们发表自己的言论，讨论自己的学习结果，自己的兴趣所在，下一节课应该怎么上，怎样做好自己的作业；等等。教师可以为学生提供一个自己设计课程的机会，让他们交流自己的想法，更积极地参与到课内的学习当中。对于教师来说，这样做可以在课堂上得到更多学生的反馈，以此提升自己的教学水平。

（五）为音乐教育创造一个良好的氛围

良好的音乐氛围是影响学生情感体验的关键因素。有时无法用言语表达的思想，可以用音乐来表达。在对学生有了足够的了解之后，音乐教师会以爱的力量引导学生进入音乐的世界。目前，我国高中音乐课课时较少，在这种情形下，每周四十分钟的情感辅导就显得尤其重要。在教学过程中，如果教师只注重对学生的音乐知识、演唱、表演技巧的培养，而忽略了情感的培养，就会导致学生对这一学科缺乏兴趣。学生在学习过程中犹如嚼蜡，感到厌烦，对音乐的兴趣渐渐消失，从而造成了音乐教学的效率低下。

因此，在教育中，我们不仅要注意教育的方法，还要注意培养学生的品格和价值观。教师不应只是单纯地教授知识与技能，而是要用音乐的情感与学生的情感共鸣，从而达到教育的升华。

（六）使学生体会到乐感和情感的愉悦

在教学中，优美的音乐可以培养学生健康、美好、纯洁、坚强、高尚的情感。在学习音乐基本知识，或歌唱与弹奏技术的时候，要始终将情绪融入其中，使学生对音乐有更深的理解。音乐教学是一个令人愉快的教学，因为在音乐课堂中，通过情感体验可以使教师和学生一起感受"爱"，丰富"爱"，"释放"压抑已久的情感，体验"美"。在音乐教学中，教师、音乐、学生是一个有机的整体，学生的情感在互动中得到充分的释放。

在音乐教育中，情感与鉴赏是最为关键的一环，是最基础的一环，也是最有效的一环。在情感教育中，要创造好的音乐环境。依据作品所在的情境，将学生的情绪激发出来，让老师、学生和作品之间的感情得到充分的交流和融合，让作品变得更加生动。

音乐教学的目标是让学生在音乐中尽情地欣赏、感受、体现、创造，用音乐的美来培养他们的情操，净化他们的灵魂，培养他们的审美情趣。在音乐教育中，既要对学生进行情感的陶冶，又要对学生的心灵进行陶冶与升华，使学生感受到世间万物之美。

（七）爱国主义精神的培育

音乐是一门具有丰富感情的艺术，是人们交流感情的重要途径，它以生动、具体、形象、直观的形式，表达人们的感情、兴趣。它可以在无形中陶冶人的情操，抒发人的情感，进而使人养成一种积极乐观的生活态度，产生对美好事物的向往与追求。

在音乐教材中，许多音乐作品都具有强烈的时代气息，体现出强烈的爱国主义精神，对学生形成正确的价值观和世界观具有重要的意义。很多歌曲曲调优美，它所营造的音乐氛围，可以净化人的心灵，对人的情感、思想和观念产生很大的影响。例如，上《义勇军进行曲》时，首先请学生观看《绣红旗》，通过如临其境的感受，使学生更好地融入情景中。接着，从聂耳的生活及所处的时代背景出发，介绍聂耳创作《英雄本色》的目的及条件，并弹奏《义勇军进行曲》，使学生能感受到其中的韵味，感受在抗日战争期间千百万人民为祖国的解放与自由而抗争的紧迫感，感受今天的幸福生活是多么的来之不易，从而激起学生的爱国热情。在上《春天的故事》《走进新时代》时，我用实例说明，让学生认识到中华人民共和国成立后特别是改革开放以后的巨大变化，从而更加热爱祖国，为祖国的富强而努力。

（八）在音乐教学中，培育高尚品德

歌唱教学可以提高学生的美学素养，塑造其高尚的人格。在中学的音乐教学中，要以爱国精神为中心展开，让学生热爱自然、热爱学习、热爱劳动、热爱科学，进而树立远大理想，形成优秀的品格。

在音乐教育中，情感是一种感情的迸发，是一种主观感受与体验。让学生尽情地运用自己的音乐，走进真善美的世界。因此，在高中语言教育中，应充分发挥音乐教育的作用，以达到对学生情感的陶冶。

第五节　音乐教学中的意志培养

一、使音乐学习目标清晰化

要让学生有一个好的学习动机，就需要明确学习目的。目前，许多学生将音乐学习作为一种单纯的娱乐活动，不仅忽视了其本身的美育属性，也忽视了其在德育、智育和体育中的辅助功能。

音乐教师要在无形中对学生的思维和行为产生影响，从而培养他们的情感，启发他们的智力，使他们能够感受到这一课程的重大作用，提高学生在音乐学习方面的自信心，从而实现教育目的。

二、用音乐作品对学生进行意志力教育

许多心理学家都认为，音乐对人的心灵成长有积极的作用。音乐教材中的许多乐曲都能用来引导学生积极向上，激励学生克服困难，潜移默化的影响有利于促进学生个性的发展。

此外，一些音乐作品体现了音乐家的本质力量和内在需求，更是能起到塑造学生"德性"的作用。这就要求我们要对其进行有效的开发与运用，使学生的德性在教学中得到更好的发展。

从视唱到听音，从唱到演奏，从单纯到繁复，从不熟练到熟练，无论是教学还是学习，都不能一蹴而就，必须坚持不懈。

在音乐教学中，将技能性的训练转化为意志力的培养，使得学生在技能不断增长的同时，磨炼意志，培养坚韧不拔的毅力。

三、发挥学生的主观能动性

在音乐教育中，对技巧的训练必须严格，不可放纵，否则学生容易形成不良习惯。因此，必须在鼓励的同时适当地纠错，使之成为一种锻炼。在演唱和演奏过程中，如果遇到了什么问题，我们不应该说"不对""错了"这样的否定话语，而应该说出出现问题的根本原因，并提出相应的对策，唯有"意志"才能化为"知识"。

四、课外知识的难度要适当

一般来说，在每个阶段，都要根据学生的学习情况，有针对性地选择一些比较难的歌曲和练习曲，作为课外学习内容。太过简单化，不利于学生技术的训练；如果难度过大，就会超过学生的能力，使他们丧失信心，从而影响他们意志力的培养。

可见，意志的培养在音乐教学中非常重要。当前，在学习和借鉴国内外音乐教育经验的基础上，大力推进音乐教育的改革，更应注意并坚持这一原则。

第五章 音乐教育对小学生
心理健康发展的影响

第一节 小学音乐教学中渗透心理健康教育

一、小学音乐教学对心理健康的影响

（一）小学音乐教学对心理健康的促进作用

拥有丰富音乐教育经历的教师总是会感叹："音乐既能培育小学生情感，又能培育小学生的智能和道德情操，还对他们的想象力、创造性和美学能力的培养有不可忽视的作用。"也就是说，音乐教育不仅可以发挥其自身所具有的审美教育功能，还可以起到心理健康教育的作用。

众多的心理实验证明：通过音乐教育，可以有效地减轻儿童紧张、消极的情感，促进儿童的健康发展。已有研究证实，在一定程度上，音乐可以提高人的精神健康水平。研究人员对小学生进行了一年时间的音乐教育，内容包括声乐、器乐、音乐艺术欣赏、审美教育等，发现音乐教育可以显著地改善他们的心理状况，从而提高他们的精神状态。据专

业人士调查，听 30 分钟的音乐能显著减轻个人的"状况性"焦虑症。国外的心理学家在对儿童进行一次音乐治疗过程中发现，听歌能显著减轻父母离异儿童的焦虑感与忧郁感，而且在介入治疗三个月内，此效应仍能维持。

音乐教学具有其他课程和艺术形式所无法比拟的优点，这主要是由于音乐教学不是必须用言语来进行，可以只用音律来传达情绪。心理学家已经研究出，对于两种完全相反的情绪，儿童根本就不会用言语去辨认和表述，特别是在诸如双亲离异之类的事情上。当双亲离婚时，子女一方面会感到非常难过，又不得不和父母一方住在一起，和另一方保持距离，另一方面也会感到轻松，毕竟他们已经脱离了双亲成天吵架的苦楚。在这个时候，语言已经很难帮助他们了，听一听音乐，或许能更好地让他们表达出复杂的情绪。与"谈话疗法"相比，非语言的方式对孩子们更合适，也更有效。

小学的心理健康教育工作，是指按照学生的身体与精神发展的特征，通过专门的心理健康教学方式与手段，对学生进行良好精神品质的培育，从而达到提升学生综合素质，使其身体与精神得到充分协调发展的教育活动。根据心理健康教育的本质，可将其分为两种类型：预防型和补救型。预防型教育旨在提高学生对不良行为的"免疫力"，注重"防患于未然"；所谓的补救型教育，是指针对有心理健康问题的学生进行有针对性的帮助、辅导、咨询、治疗等，使之能够得到恢复和正常发展的过程，是一种矫正的过程。在实践中，一般以预防为主，补救为辅。

心理健康教育的主要目的在于帮助学生建立良好的心态，更好地适应社会和周围的环境，以促进学生的正常成长和发展。在现代社会，音乐是一种艺术形式。通过对儿童进行各种形式的、丰富多彩的、富有生气的音乐教育，对儿童的音乐鉴赏能力、表达能力、创新能力等方面起到促进作用；有利于提高学生的审美情趣，提高学生的音乐文化素养，增强学生的感情经验；对培养学生的道德品质也具有重要意义。

（二）小学音乐教学对心理健康机制形成的影响

在进行音乐教育的过程中，教师们可以联系课本中的多元文化，用讲述故事的方式，将古今中外音乐家的成长经历、趣闻逸事和作品等信息传递给小学生，让他们在达成认知目标的同时，也能达成情绪情感目标和意志行为目标，让他们了解到成功并不是一朝一夕就能实现的，而是需要付出很多努力，进而对他们的学习产生促进作用。低年级的小学生，很喜欢将节奏感强的音乐搭配舞蹈进行表演，这种用身体的运动表达乐曲的方式，能让孩子们更好地了解乐曲。比如，可以将各种民族乐器、有代表性的民族舞蹈动作表达出来，从而展示各个民族的差异性风情，让孩子们更好地了解和体会这些文化，从而更加喜爱自己的国家。而在团体舞蹈中，可以训练孩子们团结合作的集体意识。也可以与课本相联系，进行一些音乐小游戏。游戏作为一个人实现其社会化过程的一个途径，是儿童非常喜欢的，对儿童的人格发展影响很大，对培养小学生坚强的意志以及团结友爱、互相帮助的性格很有帮助，让儿童既可以感受到愉悦的音乐气氛，又可以在玩中获得灵感。

在对小学生美感、情感和兴趣进行培养的过程中，小学音乐教学自身也属于教学系统中的一环，所以，还应该注意到其自身的学科作用，要从一个专业的视角出发，既要重视对学生进行专业技术的培训和培养，又要重视对学生进行专业知识的教授。在进行音乐教育的过程中，除了需要掌握的乐理和技巧之外，还需要掌握节奏。音符的节奏和它们的各种组合中，还蕴含着无数的哲理。比如，音的高低、音的长短、力量的强弱、音色的明暗，还有那些因素之间不同的编排组合都会产生不一样的结果。在音乐因素中，它们的跳动停顿、飞跃消失、协调对立等，都会给人带来不一样的感受。教师必须要将学生的整体感觉都发挥出来，通过对他们口、眼、耳、脑、身体、手等各个部位的练习，来实现教育目的，提升学生的音乐技巧，从而达到课程培养的要求。在初级课程中，音乐教学包括欣赏教学、歌唱教学、读谱知识、综合训练、多元化教育等。在教学过程中，除了要对各种类型的教学内容进行深入的研究外，还要把情绪等融合到教学内容中去。教科书中的歌曲种类繁多，内容丰富，风格多样，旋律优美，容易被人理解和接收，教师在教学中要让学生对音乐产生浓厚的兴趣，能体会到其迷人之处，体会到它所能带给人们的欢乐与悲伤。歌唱教学的整体进程，就是利用音乐及美术图像，对学生进行德育，培养学生的情感和健全人格的过程。在视唱练耳、音乐理论等课程中，应注重提高学生的美学素质，并在知识的教授和技巧的训练中得以加强。

综上所述，在进行音乐教育的时候，教师要主动、深入地挖掘出其中所蕴含的、潜在的、具有一定教育意义的教育内容，让学生了解并掌握一些音乐基础知识和基本技能，让他们能够更多地感受到各种情绪的变化，从而得到更多的情感体验。这也是为了提高他们的音乐鉴赏力。小学音乐教学的目的并不在于将所有的小学生都变成音乐家、艺术家，而是要让他们在享受音乐的过程中，感受音乐所传达的情绪，用优美的音乐来感受人生中常见的喜悦、愤怒、哀伤、快乐等情绪，这也是学校心理健康教育的一部分。用音乐传递出来的对国家和生命的情感，来帮助小学生们培养更宽容的爱，更积极乐观的人生态度，这样才能使学生具有更加健全的心态和更加健康的心理。

（三）小学音乐教学中渗透心理健康教育的价值

小学音乐教育已经随着社会的进步迈入21世纪的新阶段。我国正在进行新一轮的基础教育课程教学改革，而在这场改革的大潮中，音乐也是其中一项重要课程。音乐是一种情感艺术，一首歌曲（乐曲）常常包含大量的精神思想和感情。身为一名音乐老师，要根据自己专业的特点，从音乐作品中挖掘出潜藏于其中的思想、感情等方面的内容，通过"输液灌滴"和"潜移默化"的方式，展现给学生，使他们能够更好地去感受、去体会、去表达，从而涵养他们的情操，影响他们的道德，启发他们的灵魂，培养他们的精神，感染他们的意志力，达到"润而不流"的境界。

首先，音乐教学可以培养学生情操和健全人格。教师要把教室作为主要的教学场所，把课本作为主要的教学工具，对课本中的道德教育要素进行深入的剖析与挖掘，使每个课程都有道德教育的内容。教师要从浅到深，拓展音乐教育的空间，持续提高学生对音乐的兴趣。在此过程中，要将道德的东西融入孩子们的生活中，并且要养成他们良好的心态。许多歌曲包含着大量的道德教育内涵和深邃的哲学思想，是广大老师在准备课程时必须充分挖掘、发现和领会的。例如，《看龙船》这首歌就表达出了端午时节，龙舟竞渡的紧张情景，以及人民群众的热情。我们不仅要让孩子们认识屈原的一生，还要对这首歌进行深入的剖析，从而培养孩子们的爱国热情。

其次，音乐教学是审美教育的一种方法和手段，它在培养品德、陶冶情操、树立正确的审美观念方面具有特殊的作用，教师要抓住节奏、旋律、音色、曲式、节拍、和声等因素所形成的意象，引导学生们在歌曲（乐曲）的环境中，表达自己的美好感情。在学习歌唱的时候，除了要让孩子们了解歌曲的时代背景、歌词的意义和作者的生平之外，更关键的是要把握好歌曲的主题。例如，《放学歌》是一首以老师护送小学生放学离开学校为题材的歌曲。在歌曲的每一段歌词以及每一段旋律中，都充满了学生对老师的爱和感恩之情。在教学的时候，要重视歌曲具有的叙事性质和抒情性质，运用多种手段创设情境，让学生们能够动情地歌唱，如老师辛苦了、老师再见了……这首歌充分表达出学生对教师满腔的爱。

二、在小学音乐教学中实施心理健康教育的研究

（一）在小学音乐教学中渗透智力开发的研究

1.音乐教学拓展小学生的想象力

在小学进行素质教育的过程中，音乐教育是不可忽略的一部分，它

是推动小学生综合能力提升，培养高质量、高水平的跨世纪合格人才的一种可行且行之有效的措施。在音乐教学中，通过对声乐与器乐的训练与欣赏，使学生得到发展。此外，通过听音乐，可以缓解儿童紧张情绪，让他们能够更加冷静地思考，更加自如地展示自己的个性，让他们的想象有一个可以无限翱翔的自由空间，从而充分发挥他们的创造力。因此，要培养学生的想象力，可以在课堂上选取合适的音乐作品，让他们自己去感受。比如，欣赏音乐《春江花月夜》时，我们可以让孩子们先听乐曲，然后在多媒体的辅助下把中国经典的风景展示出来，让孩子们在感受音乐表达的情感和意境的同时，用心去体会音乐的意蕴。在这种情况下，孩子们可以得到更大的想象空间，并在表达中得到发展。再比如，观看《龟兔赛跑》的时候，我们可以把乌龟和兔子的图片放到屏幕上，然后在播放的时候，让孩子们说一说这是什么情况。如此一来，他们就可以尽情地发挥自己的想象力和创造力。再比如，在教授强、弱、渐强、渐弱的力度标记的时候，我们可以先让学生用纸张来摩擦，听发出的声音，接着用双响筒来敲打它们，去听发出的声音，在了解了这两种不同的声音之后，让他们将其标记出来，然后在一边讲述一边弹奏的过程中，去感受这几种力度标记的不同。这样的教学当然要好于一板一眼的教导。

2.音乐教学激发小学生的创造力

音乐教学既能培养儿童的想象力，又能激发儿童的创造性。自由、弹性的音乐，很容易让孩子们产生浓厚的兴趣，其直接、形象的表现方式使儿童易于理解，可以让他们更好地投入到音乐之中，让他们可以更好地发展自己自由、灵活的思维。如在《闪闪的红星》这节课上，让学生们看潘冬子给前线战士运送食盐的视频，然后让他们一起想办法，如何才能让潘冬子躲避敌军的追捕。学生们很激动，也很活跃。在教师要求他们分组展示自己想到的办法后，他们表现得异常兴奋，在音乐中，他们以潘冬子的身份成功地将盐巴送到前线，走的每一步都充满了骄傲和信心，仿佛自己就是潘冬子一样。在音乐教育中，儿童的听觉感受力、音乐控制力、音乐记忆和想象力、音乐情感都可以获得良好的训练和发展。由此可见，音乐活动是培养学生音乐能力的土壤，是环境教育同先天素质发生交互作用的"杠杆"，对儿童的艺术创作具有很强的支持作用。在音乐教学中，除了教师要具有创造性的思维外，更重要的是激发学生的创造性思维。"创新"这个词，听上去很容易，但想要做到这一点，却很困难。

尝试音乐创作是一种行之有效的激发想象力、培养创造力的方法。根据已有的曲调旋律来写出新的曲调旋律，从乐理知识的运用到风格的改变，可以促进儿童的创新意识的发展。如果学生想要拥有更多的音乐知识，可以利用他们自己的优点，让他们自己来上音乐课。例如，在进行音乐教育的时候，可以让会弹钢琴的小学生伴奏，也可以让有较高识谱能力的小学生来讲授。刚开始的时候可能不尽如人意，但在教师的精心引导下，再加上学生的勤奋，学生的成绩一定会越来越好，学习热情也会随之提升。尤其是在分析、理解作品的过程中，学生会以自己独特的视角来发现问题并解决问题，这种方式，比起教师问一句、学生答一句的方式，更能给学生留下深刻的印象，让学生用自己的双眼来观察这个世界，用自己的双手来感知这个世界，用自己的内心来感知周围的一切。

（二）在小学音乐教学中渗透良好情绪情感的研究

1.音乐教学调节小学生的情绪

听赏音乐有助于孩子们减压。繁重的学业、家人的期待、和同学的关系，都会对学生造成某种程度的精神压力。假如这些压力在很长时间内都没有得到有效的宣泄，就会造成很大的心理负担，让学生们感觉自己的精神状态很差，身体和精神都很疲劳，心情也很不好，这对他们的身体和心灵都有很大的危害。这时，音乐疏导负面情绪的作用就突显出来。美国有名的音乐治疗师纪兰诺修女曾说：音乐的旋律、节奏、音色，都可以透过大脑的感应，引发情绪反应，进而对人的身体产生作用。我们利用音乐的辅助功能，教会学生利用音乐来有效地放松他们的神经，放松他们的心情，减轻他们的压力，从而可以有效地、愉悦地调整他们的情感。把心理健康理念融入音乐教育中，可以使学生在享受音乐的过程中，摆脱焦虑。

2.音乐教学培养小学生的情感

小学音乐课程的根本价值就是通过以聆听音乐、表现音乐和创作音乐为主要内容的审美行为，让小学生们能够对音乐中所包含的美和丰富的感情进行全面的体验，被音乐所表现出来的真、善、美所吸引，并陶醉其中，培养小学生健康、高尚的审美趣味和积极向上的心态。在音乐教育中融入品德教育具有十分重要的意义。老师们应该从备课开始，挖掘课本中所包含的一些品德、情感元素，让学生们能够建立起崇高的信念，从而培养出他们崇高的品德。

通过创设情境，对学生进行情绪管理教育。在不同的情境，人们一般会产生不一样的情绪体验。特别是对于小学生来说，他们情绪的发生与具体的环境和氛围存在着非常紧密的联系。愉悦的情绪经常会出现在充满喜悦的气氛中，而悲伤的情绪往往在悲伤的情境中产生。这就需要教师以各种不同的教育内容为基础，来对相关的情境进行设计，引导学生进入与教学内容相关的情境中，从而让他们的情绪与作曲家的情绪形成共鸣。为将作曲家蕴藏在歌曲中的情绪传递给学生，教师在引入时，会用生动的语言绘声绘色地讲一个有趣的故事，将学生带到歌曲的境界中，然后利用色彩鲜明的多媒体课件等，将歌曲的内容等表现出来，让学生体会到歌曲的魅力，体会到歌曲中所蕴含的丰富的感情，进而产生一种愉快的情绪。

（三）在小学音乐教学中渗透个性培养的研究

1.音乐教学有助于培养小学生的学习兴趣

兴趣是最好的老师，一个人一旦对什么东西有了一定的兴趣，就会对它有激情。在教学中，教师们可以用多种多样的教学方法来激发学生的学习热情。比如，挑选几首充满生命气息的音乐，边玩边唱；举办一些适合学生的音乐演出，让学生感受到音乐的氛围，参与到音乐活动中来；用某些运动来刺激学生，让学生去感觉，表达出他们对音乐的兴趣。尤其是那些在日常生活中经常能看到的舞蹈，更容易让学生喜欢上。要让学生在游戏中学习并感到快乐，当他们取得哪怕一点点的进展时，都要主动给予他们鼓励和赞扬。

在小学生的音乐教育中，让学生多听是必不可少的手段之一。例如，要让学生多去听具有强烈节奏的音乐。在听时，引导学生击掌或跳舞，让学生辨别轻拍与重拍之间的联系，体会轻拍与重拍的相互影响。让学生更多地去感受和倾听，从而培养学生学习音乐的兴趣。

2. 音乐教学有助于提升小学生的自尊自信

从个人的层面上来说，小学生的心理健康状况与其本身的发展密切相关；从民族和国家的层面上来说，它会对整个民族的素质和整个国家的精神文明的程度产生直接的影响。"精神品质"已成为当今社会对人才的要求。积极乐观、坚忍不拔和敢于挑战是影响一个人发展的关键因素。在当今社会，随着科技的快速发展和国际化的日益加剧，精神状态越来越受到人们的重视。加强小学生的心理健康教育，让他们拥有更好的心理素质，从而推动他们综合能力、身体与心理的协调发展，这既是现代化教育的必然要求，也是素质教育的一个关键环节。所以，教师在给学生传授相关的技能的时候，更应该对他们进行心理健康教育，以保持学生正常、和谐的精神状态，培养他们的个性。

我们应该重视每个学生的声音。在教学中，教师应充分利用"以音乐为母语"的独特方式和学生进行沟通，并通过这种方式让学生表达自己的感情，发展自己的智慧，塑造自己的个性。在教育中，不能忽略学生的任何一个反馈，要适时地进行评估，对学生所获得的每个进展都要予以充分的认可和激励，从而帮助他们提高自信心。小学生已具有一定的学习能力，在教师的正确指导下，他们学习音乐的热情会被调动起来，从而很好地达成教学目标。

第二节　歌唱治疗对小学生身心健康的影响

一、小学儿童身心发展特点

（一）小学儿童生理发展特点

1.小学儿童的运动系统

从运动系统来看，骨骼、关节、肌肉是人的三大动作元素，儿童的骨密度很低，具有骨骼短而细、骨质柔软、软骨成分多等特征。

2.小学儿童的呼吸和血液循环系统

在呼吸、血液循环等方面，儿童的呼吸道比较窄，而且呼吸道黏膜比较脆弱，容易被传染。肺部还没有发育成熟，肺部的功能相对较弱，而且胸廓小，所以孩子的肺通气量和肺活量都不如大人。儿童的血红蛋白的绝对值低于成人，但是相对值高于成人。儿童的心肌收缩性较弱，心脏容量比成年人要小。

3.小学儿童的神经系统

在神经系统方面，儿童的神经活动（兴奋性与抑制性）发育不平衡，以兴奋性和好动性为主，且缺乏关注。与成年人相比，孩子们的脑细胞更容易疲倦，而且他们对于氧气的承受能力更差。所以，孩子的神经系统相对于成年人而言，是相对薄弱的。

（二）小学儿童心理发展特点

小学阶段是一个儿童心理快速发展的阶段（较低的心理活动向高级心理活动过程），也是一个过渡阶段。通常具有活泼好动、爱模仿的特点；对所有的新东西都很感兴趣。想要结交好朋友，在乎自己在他人眼中的形象，想要得到夸奖。此阶段儿童的心智特点可归纳为3个方面：①由直观到抽象的转变；②随意与自觉的精神行为得到了快速发展；③群体的自觉与人格逐步养成。

从儿童的心理特点来看，儿童的人生观、价值取向以及行为准则尚未成熟，但是正处于快速成长的关键阶段。儿童的身心变化、高级情感（道德感、审美等）和个性的魅力等都会对儿童的身心发展产生直接的作用。所以，对儿童进行身心教育是非常必要的，值得全社会关注。

二、歌唱治疗对儿童身心健康的影响

唱歌是一种无可替代的大脑"活性物质"，唱歌时身体的动作可以加快血液的流动，从而提高心脏的机能。

（一）歌声对大脑的刺激能加强儿童信息传送及处理能力

人的大脑分为左、右脑（左脑控制右肢，右脑控制左肢），分别控制着不同的肢体动作。儿童的左脑比其右脑要发育得好一些，因为大部分儿童都善于使用自己的右臂，所以他们的"音乐脑"一直处于"闲置"状态，根据相关资料，人类的右脑容量是左脑的100万倍以上，所以长期的、有规律的训练儿童的右脑（"音乐脑"），就能让儿童的左脑和右脑都能得到充分的开发，从而达到提高儿童体质的效果。有报道指出，在唱歌时可以用声音来刺激儿童的右脑，以提高脑细胞的活性，增加大脑的神经胶质细胞的突触数量，而唱歌时的头腔共振则可以综合训练儿童的右脑功能。所以，当唱歌的时候利用声波的刺激，可以让儿童的脑神经元处于活跃的时期，促使儿童的右脑神经发育，扩大脑容量，从而显著提高儿童的智力和其他功能。

（二）歌声对心脏以及血液系统的刺激能促进儿童器官协调发展

人体的五脏六腑都与大脑相连，且心脏排出的血液中有近1/5是在给大脑使用，所以大脑对心脏的依赖程度远超其他器官。心脏相对于其他器官来说受脑控制的程度也多，因此，儿童需要保持稳定的情绪以及平和的心态，才能促进心血管的健康。根据调查，在唱歌的过程中，声音会被传送到儿童的大脑皮质，孩子的身体会做出"响应"，做出一系列的身体动作，如果音乐的节拍和儿童身体的节拍（"微振"）发生"共振"，儿童身体里的每一个微振都会被放大，身体里就会分泌出一种叫作多巴胺的物质，让儿童的心情变得愉悦起来。这一现象本质上是指，在歌声的刺激下，将人们的心理感觉转换为对儿童身体的积极影响，能够降低或减轻儿童焦虑、紧张、压抑等消极的情感，让儿童的心脏和血液系统等能够保持良好的运转，从而推动儿童各个器官的和谐发展。

（三）歌唱治疗对儿童身体机理产生连续性、整体性的影响

在唱歌时，对儿童的影响有以下两种：一种是情感—身体—精神—情感，一种是情感—精神—身体—情感。这两条机制之间不但可以互相纠缠，还可以互相影响，可以把情感作为媒介，既可以是顺向，也可以是反向，在演唱的时候，还可以与儿童的身体和精神的作用保持一致。

总之，我们可以看出，唱歌对儿童的身体各部位都有很大的调控作用，在唱歌时，利用声波的刺激，可以让孩子更好地对自己的消极情感进行调节，所以，唱歌治疗方法在提高儿童的身心健康方面有很大的应用潜力。

三、歌唱治疗中的合唱训练

与其他的歌唱疗法不同，合唱练习是一种综合性的音乐经验，是一种积极的和消极的两种精神疗法互相影响、互相促进的音乐行为。歌唱中丰富多变的声场，能让儿童在多层面的思考中，培养儿童的创造性；在放松、愉快的唱歌氛围中寻找爱好，提高唱歌的积极性；增强身体节

奏和乐器伴奏的协调能力；在群体中寻找志同道合的同伴，共同进步。

（一）歌唱治疗中的儿童合唱训练方式

埃里克森是一位杰出的发展心理学者，他认为，6—12岁的孩子就是"努力"与"自信"的孩子。在此时期，孩子往往与同龄人相比，只要努力、积极，就能够学会很多的社交生活技巧，提高孩子的自信。相反，假如你是一个懒人或者是一个消极的人，你不但无法学会一项新的技术，而且还会让你的自信心、自尊心受损，进而变得自惭形秽。教师与同学是影响儿童学习积极性的最重要的社会因素。歌唱艺术能够用和谐的节奏刺激身体的神经、肌肉，让人感到愉悦的情绪，从而达到生理、心理、情感的统一。众多调查结果显示，歌唱练习可以拓展人际关系、提高语言能力、提高肢体协调能力等，所以在利用音乐治疗对儿童进行心理指导的方式中，歌唱练习法是更高的一种可行的方式。按照儿童的身体和心理发展特征，歌唱的培训方式和方法如下。

1.在声音模仿与节奏游戏中体验合唱——提升儿童感官体验

一方面，可以以儿童的天性和热爱模仿的行为特征为基础，结合儿童们的嗓音模仿游戏，从而让儿童在有趣的音乐活动中，积极地进行学习。让儿童们在自然界中，通过对声音的节拍进行观察和模拟，从而更好地感受声音节拍带给他们快乐。生命中到处都是节拍，一首曲子，调子是其血脉，节拍是其骨骼。节奏的长短与快慢，使得这首曲子既有了时间的感觉，又有了空间的感觉，并产生节奏感。举例来说，三重声节拍就是一种小步舞的节拍，它带有一种倾向性，倾向节拍能引导听者解答情绪。合唱练习必须要符合儿童的本性，让儿童对歌唱感兴趣，所以可以在节奏游戏中让儿童体验，挖掘真实的声音，并进行模拟，最终对多声听觉进行训练。如能模仿打雷声，牛叫、狗叫、鸡叫等。

另一方面，可以指导儿童在天然的音域中找到不同的韵律片段，并对韵律和语音进行模拟练习。让儿童自己创作其他的动静声音，这样既能更直观地训练儿童的多重声音听力，又能激发儿童对大合唱的浓厚兴趣。通过节奏游戏可以制作出多个声部，也可以通过组合的方式来进行多个声音的歌唱。通过音程和和弦的节拍练习，培养学生多声思考的能力。在节奏游戏中，儿童可以用自己的声音模拟多声部音频和歌唱的方式，来对合唱中的二声部或者多声部的节奏和音频进行检验。这种方式不但可以让儿童感受到一种天然的音乐，还可以在轻松、多感官参与的学习环境中创造节奏、感受合唱，这种方式不但可以对儿童的各种感官进行训练，还可以对儿童的创造力进行培育。因此，这样一种富有趣味的节奏玩耍形式，能为学生进行大合唱奠定很好的基础。

2. 在音乐欣赏中渗透合唱——丰富儿童审美体验

音乐作品结构的声音、情感和意境与人的思维活动（感知、情绪、想象、理解等）之间有着对应关系。将和声及歌唱的理念融入对音乐的感知与欣赏中，能够充实儿童的音乐认识，让儿童对和声的感知更加清晰，从而提高儿童的审美认知能力，获得良好的审美经验。在小学音乐教材中，有大量的乐曲可以融入和声与歌唱的理念之中。比如：《快乐的牧羊人》和《我的小鸡》这两首合唱歌曲；还有《鸭子拌嘴》《三个和尚》《阿细跳月》，以及其他一些著名的作品。要按照儿童的年龄及形象思维等心理发展的特征，充分认识到音乐对儿童的影响，利用生动活泼的画面、生动有趣的故事、角色扮演等听觉与视觉同时感知的方式，让儿童体会到其和声的丰富表现力，理解其作品的内涵。在音乐活动中，音乐欣赏是非常关键的一环，也是一切的基本，长期而又科学地挑选出好的音乐来进行倾听和享受，能够提升儿童的音乐美学素养和水平。我们应当将中、低年级的音乐鉴赏课本发挥到最大作用，通过开展聆听音乐、讨论歌曲等音乐活动，让儿童对合唱、和声有一个更为深刻的认识，从而有助于儿童在早期建立一个良好的合唱概念，提高他们的美学认识，从而得到更为丰富的美学情感。

3. 在打击乐器与声势律动中参与合唱——刺激儿童情绪体验

在歌唱练习中，对多声部的认知通常是以声势韵律来体会到的，而非单纯以听曲的形式来进行。为一首歌作陪练是儿童所喜爱的，如果有这样的条件，他们可以切身地感受到这首歌的和谐与美好。一方面，可以让儿童用自己的材料来创作一些敲击乐作为其音乐。如用小瓶装豆子，用筷子轻敲茶杯，在有趣的音乐中感受和谐。儿童可以随心所欲地弹奏，不必害怕他人的干扰或指责。这让儿童对自己的周围有了掌控感，进而让儿童更有安全感。此外，通过敲击乐器，还能够为儿童的情感发泄找到一个出口，让儿童能够更好地感受到正面的情绪，进而提高儿童的情绪管理能力。另一方面，在小学教材里，有很多曲目都可以运用律动、声势来进行歌曲伴奏。在此基础上，教师可以引导儿童进行有意识的情感体验。

4.在歌唱中感受合唱——提高儿童语言表达能力

在声乐演出中，演唱形式有以下几种：二重唱、轮唱、齐唱、合唱。上述的演唱形式，本质上都是在为演唱这一环节做好准备。在合唱练习的歌唱环节中，要知道，一开始儿童的合唱会相对较难，所以，要从演唱轮唱作品入手，引导儿童用轮唱的方法进行演唱，同时，还要根据儿童的身体和心理的发展特征，来进行歌曲的演唱。例如，可以选用《数蛤蟆》《花蛤蟆》《开火车》等较短的曲目。这样一首首简单短小的歌曲被唱出来，不仅不会给儿童带来过多的心理负担，还会提高儿童对唱歌的自信和兴趣。当然，也可以在一支乐曲的结尾处，加上一个和音程，如《理发师》，就可以在结尾处加上一个三个和音程，把原来两个小段的乐章延长为四个小段。在《冬天的故事》中，你可以选择在歌曲的末尾一个小节中添加一个和音程。在合唱教学中，和音程的影响是最大的难点，在进行歌唱练习时，要根据儿童的爱好来创作，根据儿童目前的歌唱能力来减少他们的学习难度，从而实现练习的目的。学生们可以从《老牛和小羊》《大钟和小钟》《嘹亮歌声》等几首音乐中挑选一首歌曲作为练习的起点。在歌唱练习中，老师可以用声音和乐器去模仿或者做出反应，从而提升儿童的语言表达、社会关系、思维能力和对自己的情感的掌控。

5.在合唱表演中体验和谐之美——收获成就感

歌唱练习的本质上是儿童之间的互相认识、互相磨合，其目的在于让每一个儿童能够团结协作，共同完成歌唱，在歌唱的时候，每个儿童都要全力以赴，才能高品质地进行歌唱，也能让每一个儿童感受到参与合唱团所带来的喜悦和满足。我们冷静下来，仔细地研究一下合唱，它所关心的重点，不仅是儿童在歌唱活动中所得到的感情体验，也是儿童所得到的身心健康体验。但是，我们需要注意的是，儿童在歌唱活动中所得到的情感体验，也就是儿童所得到的身体与精神的发展。可以说，"合"字是歌唱的最大神韵。那么，什么是"合"字？"合"是对歌唱的一种规范，即"统一，平衡，和谐"是歌唱练习的根本，而这三个规范也是二次创造的基础，可以让歌曲充满生机的基础。所以，在合唱的练习中，我们都会在呼吸、姿势、发声等方面寻求"统一"，为的就是让合唱队中的每一个儿童，都能在自己的嗓子里找到一种平衡，让自己的歌声变得更优美，让自己的情绪得到更好的传达，打动每一个儿童的心灵，所以，在练习中，首先要做到的就是"统一"，只要注重"统一"的练习，就能让整个合唱队成为一个完整的集体，最终实现一个完美的和声。

（二）合唱训练对儿童身心健康的影响

儿童时期是一个人生命中最为重要的发育时期，而合唱艺术形式是一种唱歌方式，它既能用唱歌来推动儿童的身体发育，又能在唱歌的时候，让儿童感受到真、善、美，从而提高幼儿的道德品质，陶冶儿童的情感，培养儿童的形象思维。总之，歌唱教学对儿童全面发展具有良好的浸润作用。

1.合唱训练中的呼吸练习——有利于锻炼儿童的身体机能

合唱训练除了要让人感觉到一种协调的美感之外，还要通过正确的呼吸方式来唱歌，这样才能让人的肺部变得更大，让人在每一次的吸力中都能得到更多的好处，从而让人的身体得到更好的发展，古人也认为，好歌者，必先调整其气息。由此可见，在唱歌中，气息是非常关键的。在唱歌过程中，如果没有准确的呼吸，那么，一首优美动听的歌曲也就不可能被传达到观众的耳中。可想而知，在唱歌的过程中，呼吸起到了非常关键且无法被取代的作用。所以，在唱歌之前就必须要对孩子们进行一些生理学方面的知识普及，这样才能让孩子们在唱歌的时候，更好地感受到唱歌时的气息起伏和呼吸状况，进而学会唱歌的正确方式，让孩子们能够更好地用唱歌的方式来表现自己的情绪。那么，歌唱中的气息练习是如何对孩子们的生理机能进行特殊训练的呢？

人体的呼吸器官（动力器官）由肺、气管、胸廓、横隔及腹部前壁肌肉组成，是身体的一个重要组成部分。其中肺部是人体最重要的呼吸脏器，位于胸部左右两侧。在唱歌过程中，呼吸运动能够有效地提高机体的代谢水平，并对植物神经系统产生兴奋作用。当交感神经被活化时，会引起体内的生理觉醒，交感神经系统被激活后，则会引起紧张的情绪；反之副交感神经系统被激活后，则会引起体内各种脏器的兴奋。此外，通过呼吸可以为体内提供氧气，维持机体正常的功能，从而提高机体的自我修复能力和体能。在进行合唱练习的时候，由于孩子的各种感官及音乐水平等存在差异性，并且按照孩子的思维方式，我们可以先通过唱歌呼吸的图片、视频或者亲自演示，让孩子能够在其中进行观察和感受到唱歌时的呼吸方法。如呼吸器官的结构与功能、呼吸的支点、呼吸的运动与形态等。通过图片、视频、亲身演示等实物指导，让孩子们可以更直接地了解唱歌的气息动作。然后再配合一些呼吸运动，加以辅助练习。最后，在进行合唱队的排练时，可以进行循环式的呼吸法训练与应用，也就是强调呼吸过程的三个步骤，从而达到对所有成员的呼吸法的协调，并通过对"吸"和"呼"动作、感觉、气息支点的分析，让孩子们能够把自己的呼吸系统与整体结合起来，达到循环呼吸的目的，从而培养孩子们对自己的呼吸系统与发音系统的使用与掌控能力。

2.合唱训练中的发声练习——有利于培养儿童的自制力

合唱团的起音主要靠"激起"，但要根据合唱作品的体裁和音乐的内涵，正确掌握"激起"在合唱团中的作用，才能达到"激起"的效果。此外，还要特别注意，在开始唱歌前，一定要做好充分的心理准备。歌唱艺术属于一种具有很强的逻辑性和严谨性的群集性的音乐运动，经过长时间的、有条理的练习，能够让孩子们的各项素质得到提升。比如，在歌唱练习中，可以用发声练习来对孩子们的自我控制力进行培养。

比如，在合唱发声前，歌唱者的内部器官（呼吸系统）要做好正确的准备（起声），在演唱的时候，必须要有一个很好的呼吸，这样才能对合唱中的循环呼吸有一个比较好的掌控，并且要保持一个封闭的状态，且要有一个共振腔体。之后就是歌唱者对一首歌的外部表达（音准、咬字、情绪情感等），在上述两种（内部和外部）都已经做好的前提下，再一起发出歌声，这就是起声的整个过程。上述两个动作，在唱歌的时候都是很快的。所以，在进行练习的时候，每个队员都要保持高度专注，在唱歌之前，只有做好了准确的起声状况，这样才可以和后续的发音动作相一致。所以，唱歌的先后次序，就是要把内在状态放在前，外部声音表现在后。在很多情况下，如果合唱的节奏和音色都出现了问题，那就是没有做好充分的准备，所以，才会出现合唱的音调既不清晰也不稳定的状况，就好像是飘浮在半空中，让人感觉有不真实之感。这种做法不但造成了合唱队歌声的不和谐，更有悖于歌唱自身的根本需要。

3.合唱作品排练——有利于改善儿童的人际关系

在儿童焦虑症中，最重要的就是人际关系的问题，而人际关系中互相帮助是主要的心理活动。"相辅相成"是获得知识、抚慰情感、彰显价值的过程。人是一个有意识、有情感、有观点、有经验的动态性的物种，因此，人需要有良好的情感体验，有满意的欲求归属。而在此基础上，随着人们的不断发展，人们也开始有了各自的职业，从而形成了一个大团体。在原始时代，那些从一出生就在动物的喂养下成长，一开始就离开了人类社会的人，即我们现在所说的"狼孩"，他们没有一般正常人的智慧，且他们的精神发育和行动都受到了很大的影响。在当今的时代，因为有了网络，大部分的孩子都更愿意沉浸在虚拟的网络中，如果他们长时间地不与真实的人接触，就会出现孤僻、冷漠等心理问题。经过对现有资料的调查和分析，我们可以看出：由于有了相同的兴趣和喜好，孩子之间的关系也会得到提高。在长时间的歌唱练习中，由于对音乐的热爱能够让孩子们彼此间有了相同的爱好和话题，孩子们会在这种情况下主动与他人交往，时间一长，就能让孩子们不会惧怕与他人交往，并且在不知不觉中，让孩子们养成了积极地与他人交流的行为习惯。并且，在合唱环节两个声部之间进行的交互，让孩子们能够更多地感受到与人沟通的乐趣。其次，由于合奏中对"合"字的根本追求，使孩子们能够感受到这种和声的美感，从而领略了歌唱的魅力。歌唱是一项需要每一个孩子都能参加的音乐运动，它是一项不可或缺的艺术，在歌唱过程中，每一个孩子都是一个单独的个体，但是他们之间的联系是紧密的，相互影响、相互促进。当然，光靠个人肯定是行不通的，这就要求每一个孩子相互磨合、相互配合，将歌唱的美感——和声的美感，发挥到极致。

4. 合唱艺术的群集性——有利于培养儿童的协作精神

21世纪是一个将"个性"作为主要基调的年代，一些家长、学校对孩子的教育理念也随之产生了许多变化。从某种意义上说，"个性"这个词应该是一个中立的词，所以这个词有两种意思，一种是肯定的，一种是贬义的。而正面意义则是可以用来表示与别人相比具有某种特殊的性格或素质。所谓的"贬义"，指的是人们对孩子的物质条件的改善，以及家庭对孩子的溺爱，使孩子往往变得以个人为中心，缺乏奉献精神和集体意识。对孩子而言，加入合唱队能够让他们感受到歌唱艺术中的和谐之美，在这个充满了歌声的世界中，让他们互相协作，向着相同的目标而努力，并在其中获得友情，并得到与他人合作的满足感。比如，歌唱的"统一"（姿势的统一、呼吸的统一、发声的统一等），这对孩子各个领域的技能都有很高的要求，既能够训练孩子对自己身体和情感的掌控，又能够提高孩子在合唱队中的协作精神。

想要加入合唱团，就必须要隐藏自己的特点，否则就会在合唱团中鹤立鸡群，比如音色、音量等。在进行合唱时，各个声部之间，以及声部内部之间，都要相互聆听，之后将自己的音色、音准、音量等向两侧学生的音色、音准、音量上靠近，也就是达到"声音抱成团"的听觉感受。这样，就可以实现歌声的共振，把每个人的音质都凝聚起来，创造出优美和谐的音乐效果，这就是大合唱的基本工作。在歌唱过程中，要注意声音的和谐，要有合作意识，要有平等的理念，这些都可以帮助孩子们提高合作精神。另外，互相配合、协作，达到和谐的音效，也能让孩子更好地表现合唱作品的思想感情，更好地获得情感体验，并让观众也能体会到合唱所带来的活力和感染力。

第六章　音乐教育对中学生心理健康发展的影响

第一节　中学音乐教学中渗透心理健康教育

一、运用音乐教育促进中学生心理健康发展的实践方案

（一）缓解中学生抑郁心理问题的实践音乐课

1.教学内容

把握好音乐的音乐形式，理性地表现出情绪。现以《青春舞曲》教学为例，对高中生的忧郁情绪进行探讨。

2.教学过程

导入：用新疆民歌《我们新疆好地方》导入课程，教师提问：谁对新疆有印象？知道它在中国的什么地方吗？同学们讲了起来。老师首先展示了新疆地区的一系列地形图（如沙漠、戈壁、气候等）；另播放一套新疆人载歌载舞的画面。老师：请看，新疆的每一个人脸上都洋溢着幸福的笑容，对美好的未来充满了渴望。既然我们在这样一个优渥的条

件下生活，那么我们就更要快乐地去迎接幸福的日子（老师希望用新疆人对生命的热爱，来激发学生们的生命之火，并给予他们鼓舞和启发）。

设计情境，引导学生进入课堂。随着老师的演奏，老师开始表演新疆民族舞蹈，同学们可以在老师的指导下，从"微颤""绕腕""托帽式""移颈"等基础动作中，再次体会到新疆民族特有的民族风情。在舞蹈的过程中，教师还会邀请其他同学加入其中（教师可以和学生一同舞蹈，从而拉近师生之间的距离，让他们从原来的师生关系变成朋友，可以将某些有抑郁症的儿童拉出来，让他们能够感受到大家的欢乐，体验大家在一起的喜悦之情）。

学习演唱《青春舞曲》时，老师们要用自己的热情和感情去演唱，让孩子们感受到这首歌的欢乐，感受到这首歌曲旋律的青春活力（对学生情绪和情感的体验有很好的作用）。然后，老师让每一位同学都高声朗诵歌曲（让他们在朗诵歌曲的过程中，感受到青春的短暂，这就要求我们用一种积极的态度为我们心中的梦想而努力奋斗）。让同学们自己唱，以发展他们的独立思维。演唱：老师可以让学生挑选自己想要的音乐，为《青春舞曲》的演唱（老师会针对一些沉默寡言的学生，让他们带上自己想要的音乐，让学生给予他们一些支持，帮助其树立自信心，勇敢地表达自己的想法）。其次，让学生做一些节拍训练（老师不给学生分组，而是让学生自己找到合适的搭档，这样可以锻炼学生的社交能力，同时也可以帮助一些学生转变不良心态，让学生们明白同学之间要互相帮助，如果没有同学的帮助，是不可能独立完成一项大型的团体任务的）。最终，学生们齐心协力地完成了《青春舞曲》的演奏（这是为了让学生们感受到自己的存在，感受到自己的价值，感受到自己的自信，当他们面对困难的时候，他们不会畏惧，也不会手足无措，而是直面困难，解决困难，并完成自己想要的事情）。

总结：本节课使全班学生在音乐教学中活跃起来，减轻了全班学生在学习和生活中的紧张情绪和压力；使许多在文化课程中缺乏自信的学生在音乐课程中重新找到了自信，帮助他们更加有信心地进行文化课程的学习；使有不良情绪的学生在精神上获得释放，使他们以一种积极、乐观的心态去对待人生，使他们认识到在社会中如何为人处世，从而实现以音乐课程的教学来进行学生心理教育的目标。

音乐治疗抑郁症个案：

来访者：女A

症状：情绪低沉，感觉周围的人都在用一种奇怪的目光打量着自己，从而引起与其他同学的矛盾等，经过心理医生的检查，她发现自己得了轻度抑郁症。

（进行了四个周期的音乐疗法）

第一次采用积极的松弛方式，使其身体和精神得到充分的松弛，再采用以"乐感导向"的"精神导向型"音乐疗法对其进行"精神导向"的"幻觉"治疗。

在第二次的音乐引导想象治疗过程中，该生在充满矛盾又带有恐怖的一组音乐的引导下，她看到了一只大灰狼，正在与一群野兽博杀，因为敌人太多，那只大灰狼身上到处都是伤口，但那只大灰狼却挣扎着从包围中挣脱出来，那只受了伤的大灰狼孤独极了，感觉好可怜。

第三次，伴随着柔和的音乐声，她进入了一座古堡，透过窗户，她看到了一座古堡，古堡内有许多人在翩翩起舞，气氛很是热烈。

在音乐结束后的讨论过程中，她觉得那匹孤独的大灰狼就是自己，由于自己不合群，生活中受到寝室同学的嘲笑，不和她来往，让她心灵上受到了极大的伤害。

在她的第四次心理辅导中，在一组明亮宽阔的音乐伴奏下，她看见夏天的田野上，她与父母一同收获田里的水稻，年迈的母亲为她做了许多她小时候最爱的点心，家人都以她为荣，围绕着她与之交谈。

她在后来的交流中说，她发现自己在春节时，总是感觉自己的家人很贫穷，也没有什么吃的，总是埋怨自己的父母不争气，也埋怨自己怎么会生在这样的家庭，因此，她的朋友对自己都是一种奇怪的目光。想到这里，她就感觉自己对不起自己的父母，因为她知道他们是怎么把自己养大的。

当谈到自己和其他学生的感情时，她说自己因为被周围的人鄙视，渐渐变得孤僻，所以和其他同学的感情也变得很差。一年的时间，她的学习成绩也只是中下游，这让她很是郁闷。她想要重新站起来，不能再和过去一样了，她要重新审视自己，让自己更好地完成学业，她明白，这一切都是她自己造成的，不能埋怨任何人。

个案解析：音乐和治疗师都仅仅是一个"中介"，他们会帮助来访者对过去的经历进行再一次的认知，让他们明白，导致现在迷茫的主要因素是自己原来的已有的思考方式和行动模式。在进行治疗的时候，来访者是依靠自己的自救意愿和对自救认知的改变，来克服自己遇到的问题，并在音乐的移情和同化的影响下，通过治疗师的疏导和指导，逐渐从内心的创伤中走出来。

（二）解决人际关系心理问题的音乐实践课

1.教学内容

让学生通过朗诵《小鸟，小鸟》来感受"动物狂欢节"的乐趣。同时激发学生们能够以欢畅的心情歌唱，同时去体会和表达这首歌曲的感情，指导学生更多地与他人沟通。

2.教学过程

引入：为学生演绎《动物狂欢节》《百鸟朝凤》等歌乐曲，为他们的表演做铺垫。让学生感觉并回应他们所见所闻是什么？这首歌表达了什么？让每个学生都表达自己的看法（对那些平日里不爱说话、自卑、自我封闭的学生，请他们表达自己的看法，让全班的学生都给其以鼓励，让其成为一个乐观的人，在班级里感觉到温馨，让其敞开自己的心扉，并与其他学生共享自己的喜悦）。有些人说自己听见许多鸟儿在一起鸣叫，然后学生们一起学习歌曲《小鸟，小鸟》。

在教学中，老师播放《小鸟，小鸟》的背景音乐，请同学们一起来欣赏，然后老师再跟学生们一起唱歌，以帮助其更好地理解这首歌。歌曲：春日，山林，有花，有鸟，在放飞；在原野上，在草原上，在湖泊上，在丘陵上，鸟儿们都在欢快地唱歌。（让同学们体会到这首歌曲的欢乐和充满朝气的生活，让对生活感到悲观和沮丧的学生体会到生活中的美丽）。请留意这首歌中的八分休止符、六度大跳、6/8拍的强弱规律以及它们的节奏。运用比较方法（着重体会有无休止符的相似性和差异性），帮助学生了解休止符在表达音乐情感时所发挥的作用。

每节课都会有一首由老师和同学们共同唱出来的歌（老师和同学们围着座位，边听边唱，让同学间更亲近，更好地沟通，并能学会这首歌）。

表演《小鸟，小鸟》，老师将提前准备好的仪器摆在舞台上，让学生自行挑选自己喜爱的乐器，老师让每一位拿到乐器的人3～5人一组，进行随意的小组训练（老师并没有指定小组，而是让他们自己找到合适的同伴，这样可以提高他们的社交能力，也可以帮助他们转变一些自私自利的想法，让他们明白许多事情虽然都是要靠自己的力量来做，但如果没有同学的帮助，他们就不可能独立地完成一个大型的团体任务），老师让没有得到乐器的同学唱歌，让得到乐器的学生为他们伴奏，老师将一些学习成绩较差但却在课堂上表演得非常好的同学请上台接受夸奖（要让大家感受到自己的存在，自己的作用和自信，学会用乐观的心态来面对问题，而不要用悲观的心态来逃避，因为只有乐观的心态，才能战胜一切的障碍）。

总结：本节课让全班同学都沉浸在了自己的音乐之中，减轻了学生们在学习和生活中的压力，促进了同学间的沟通，消除了同学间的隔阂，促进了同学间的友情。

（三）以缓解压力，寻找快乐为主题的实践音乐课

在当下，家长对孩子的要求不断提升，这无疑给孩子们带来很大的学习压力，让他们承担起了超出他们精神所能承受的压力，在这种情况

下，他们往往会采取一种逃避的方式，当他们面对困境时，不知道如何应对，担心会输掉所有，从而导致他们缺乏自信，影响了他们的精神状态。为此，本课程以舒缓压力、寻找幸福为主要内容，以《欢乐颂》为主题，进行了以下几个方面的教学安排：

1.教学目标

通过对《欢乐颂》的鉴赏，以及对贝多芬创作的认识，以一种充满激情的方式，合唱《欢乐颂》。在学习中，我们可以用《欢乐颂》来指导学生寻找快乐、享受快乐、升华快乐，以缓解精神紧张，使他们能够以一种积极向上的心态去面对人生。

2.讲授步骤

导入。老师：让我们一起来欣赏一段熟悉的歌曲。通过《超级玛丽》的歌曲，使学生对音乐课产生浓厚兴趣。学生在听到这段音乐后，老师问：同学们是不是都很熟悉这首曲子，请谈谈听完这首曲子的感受，同学们交换意见，并给出答案。老师：同学们，在生命中，喜悦无处不在，如受到表扬、收到礼物、获得荣誉、遇到某些美妙的事情时，我们都会感到高兴，所以，我们应该好好把握这些喜悦时刻。（老师用这句话给了对人生有怀疑、感觉人生是折磨的学生以鼓舞，让他们敞开心扉，再一次了解这个世界，感受人间的温暖）今天我们就来寻找快乐、发现快乐、感受快乐、升华快乐（展示课文题目《欢乐颂》）。

老师：请说出你所知道的关于这位作者的情况。学生回答。（这里是贝多芬的生活小结）老师：贝多芬是被誉为"乐圣"的德国著名作曲家，其一生的故事都非常精彩。贝多芬一生坎坷，年轻的时候就失去了听力，但他却以自己的毅力与对音乐的执着，不断地尝试着创作，创造出了无数伟大的乐章，其中最著名的就是他的第三交响曲《英雄》和第五交响曲《命运》。而刚才我们听到的是他的第九交响曲《合唱》第四乐章的主要部分。（以贝多芬的一生来教导小朋友，做人要有一颗坚强的心，当遭遇到挫折与艰难时，要勇于面对，不要一味地躲避与畏惧）。请各班的学生一起唱《欢乐颂》，对于胆怯的学生老师要在一旁给予鼓励。在学习演唱的时候，要注意指导他们去理解音乐元素在音乐表达中所起到的作用，让他们不仅可以学习到这首歌，还可以站在音乐的角度去对作品进行分析和理解，进而为今后分析和理解其他音乐作品奠定良好的理论和实践基础。二声部合奏时，老师把学生们分为两个小组，教师进行个别指导。到了歌谣部分，请一位平日里沉默寡言的学生在歌谣部分进行领唱（以磨炼他的勇气，减轻他的压力，增加他的自信）。

乐器演奏。老师让学生们在课堂上用三角铁、撞钟、木鱼、手鼓、棒铃、沙蛋等进行表演。此外，还可以进行自由分组，老师们不会事先进行任何分配，在每个小组中，利用各种乐器的各种声音，对《欢乐颂》主题进行新的创作，而且还会邀请每个小组的学生来进行结果演示，这样就可以指导他们对乐曲展开二次创作了。（用小组训练和表演的方式，提高了学生们的沟通能力，提高了他们的配合程度，还让一些以自己为核心的学生意识到，许多事情都是要大家一起努力才能做好的，单凭一个人的力量是做不到的，从而可以培养学生的合作意识）。演出完毕，老师让表现出色的学生来到舞台上，并得到大家的喝彩，这不仅增加了这些学生的自信，也增加了他们对文化课的兴趣。

表演。让他们自己去挑选想要扮演的角色，加强彼此之间的协作，与合唱的同学进行交流，老师让他们自己彩排，以培养他们独立的思维素质，并让他们在团队协作中，将自己的才华展现出来，找到自己的价值。

结论：在进行歌唱和二次创作的过程中，在轻松快乐的音乐气氛里，让学生能够完全地融入音乐之中，从而将自己心里的委屈发散出去，将心里的不悦发泄出来，同时还能将音乐中的快乐情感渗透到自己的心里，让他们的精神得以放松，精神上的紧张感得以减轻，以促进其心理健康发展。学生以小组为单位对乐曲进行二次创作，增强了他们之间的情感交流，感受到别人的情绪变化，并与之共享自己的喜悦，使大家都获得幸福感。除此之外，它还可以提高学生的控制和自我调节能力，让他们可以正确地了解自己，并以一种乐观的心态去面对未来。

（四）音乐教学中如何培养学生健康的心理

音乐教育并不是万能的，每个人的音乐感觉都不一样，特别是在声乐教学中，每个受教者在接受了音乐的熏染后，他们的精神状态难以保持一致。这是由于，无论是器乐还是声乐，都有许多的主观性，这种主观性的音乐，就需要我们在教学过程中采取一定的措施来进行补偿。

以培养学生的精神状态为其重要目标。美妙的声音来自健康的心灵，声音就是展现我们心里最深处的密码。要在课堂上加强学生的心理教育，要主动寻找到学生在学习中所包含的心理教育因素，并将其融入学生的学习之中。音乐课不是在教音乐，而是在教一种健康的心态。在进行音乐教育的时候，要注重化解学生心理健康方面的问题，使他们能够对现实生活中的真善美有一个更好的认识，通过音乐来培养他们的审美能力，使他们能够树立自信，具有追求美好事物的能力，从而形成一个健全的心态。音乐教育的方式多种多样，也有很多的精神教育内容，在课上，老师们在讲解音乐作品的同时，还要对题材进行深度的挖掘，指导他们去了解、去探索，把其中能够促进心理健康发展的内容加以利用，让学生的心理能够得到健康的发展。

课程设置上具有多样性和灵活性。不同的教学设计，相应的教育方式也会有差异，从而可以满足不同学生的认识需求。而且在教育观念上要走在前列，要将国际上著名的音乐教育思想与教学方式有机地结合起来，从而让音乐教育对学生的精神状态有更好的影响。学生的知识能力和不成熟性导致了他们对当前的知识产业和文化建构还没有一个完全的认知。所以，老师就必须要在教学的过程中，对他们的思想进行更多的尊重，多去了解他们的喜好，采用"理解—尊重—指导"的方法来对他们进行教育，这样不但可以将他们带入音乐的意境中，还可以增强他们与其他学生的交流，最终让他们的精神状态得到良好的发展。我们可以创造一个放松的音乐氛围，在教学中，我们应当挑选一个相对宽敞，且不会有许多杂物，也不会有太多桌子的音乐教室，让学生有豁然开朗之感。此外，我们还可以充分使用这些空旷的教室空间，来放置一些小型的乐器，或者是音乐CD，又或者是进行一些小的游戏，来促进师生之间的交流，让他们在上课的时候能够打开自己的心扉，以让他们的情绪得到释放。除此之外，我们还可以把音乐课堂的教学与互联网的教育相融合，在虚拟的互联网环境下，可以让学生们减少彼此的距离感和戒备感，因为互联网的便利，我们可以随时在任何地方进行交流和学习，加强老师和学生的联系，从而让他们的精神得到更好的发展。

选择适当的教材。这是培养学生心理健康的一个重要途径，其表现如下：①教学内容要体现多元化特征，在面对不同年龄段的学生时，能从异中寻同、同中寻异，为低年级学生选用《飞来的花瓣》《祖国颂》，为高年级学生选用《送别》《让世界充满爱》。②教师在课堂上要减少理论部分，增加情绪表达部分，如《感动中国》就是一个很好的例子。③根据学生的各种心理问题，采用多种形式进行心理健康教育。在教学中，要针对学生不同的心理情感，选用具有一定艺术特点的作品，并加以适时欣赏。

对课堂进行恰当的评价。评价是教育教学过程中的一个关键环节，其作用与评分同等，是将学生的学习状况等及时反馈出来，对提高教育的品质可起到重要作用。教学评价针对的群体不仅包括学生，还包括教师及教学过程这两项重要元素。在课堂上进行教学评价的时候，对缺乏信心的学生要做好正面评价，让他们树立起自信心。德国教育家第斯多惠曾说："教育的艺术不仅仅是一种技巧，更是一种启发，一种激励。"因此，当前的教育中，评价就变成了一个对学生进行自我激励与自我纠正的一个关键环节，让他们从期望中寻找进步的动力与方向。在进行教学的时候，老师要对学生关于授课内容的理解程度和掌握状况时刻进行观察，并做出适时的课堂点评。在点评的方式上，要让学生对自己有自信，而不是过分的指责，从而导致他们有了退缩的可能性。然而，在一些学生提出的问题上，老师可以视具体情形，让学生在思考的过程中，引导学生得出答案，而不是直接对学生的问题进行解答。这种方式，让学生更多了一次对问题进行重新认知和思考的机会，也训练了他们反复思考的能力，引导学生进行自我发现、探究。通过对教学进行评价和反思的教学方法，让学生能够及时发现自己的问题，并得到老师对自己认真思考行为的肯定，从而提高他们的学习兴趣，更重要的是把提出问题变成自行解决问题，充分地调动了他们的主动性。对于那些在课堂上表现得比较差的学生，要在课堂之外多加一些关注和协助，激励是不可或缺的一个关键步骤，若没有激励，就像一条鱼离开了水，无法生存。如在教学过程中，教师可以通过一首乐曲展开研究，并随堂中提出几个问题，在对这些问题进行解答的过程中，老师应该对他们进行正面的鼓励，从而有效地提升他们的自信心，让他们在今后的学习中，变得更加自信，更加如鱼得水。

做好讲课前的充分准备工作。音乐学习兴趣的形成与他们日常的生活和班级的环境是密不可分的。所以，要想让他们的身心得到全面的发展，就一定要为他们营造一个好的音乐教育氛围。在教育设备方面，要增加投资，每个学校都要有钢琴、手风琴、电子琴等基础乐器及教学设备。在音乐课堂的布局上，要体现出某种特色。在音乐教室里，可以放置一些知名音乐家的CD或是肖像，让他们伸手就可以接触到与音乐相关的东西，也可以将那些杂乱无章的桌子和椅子全部拆下来，让学生伴随着音乐做一些有趣的游戏，提高他们对音乐的兴趣，以此来缓解压力、调节心情。

重视教师音乐素养的提升，同时要始终在课堂上保持良好的心态。首先，在教学过程中，老师要做好表率，让学生体会到音乐所包含的感情。作为一种情感的艺术，音乐可以提高人的精神状态，其作用在于对音乐的领悟和感悟，换言之，老师若没有较高的感知和鉴赏水平，就不可能指导学生们进行真实的、有价值的音乐体验。这就需要老师以多种方式来充实自己的音乐素养，让学生在受到教育的时候，可以体会到老师沉浸在情感之中的场景，否则，学生不可能让自己完全沉浸在自己的情感之中。因此，在通过音乐教学来培养学生的精神状态的基础上，要想把音乐与精神状态的关系有机地联系起来，就需要对教师的艺术欣赏水平进行提升。其次，在进行教育的时候，也不能太过严格，要适时地对他们露出笑容，表现出自己的热情。最后，老师应该积极地参加所有可以跟学生在一起的交流，以防止老师跟学生之间出现距离感，老师也不能用一种命令的语气跟学生说话，而要用一种平和的语气来指引学生们获得正确的回答，让学生能够积极地、主动地进行自学。例如，在课堂上，可以多设计问题，用讨论的口吻来指导他们获得正确的回答，从而提高他们的自信心。

另外，老师应该让他们多参与集体活动，这样不但可以加强他们在集体中的合作精神，还可以加强他们之间的交流，这对纠正他们的某些不良行为和心理有很大的帮助。同时，老师应该主动地以音乐实践作为主要的教学方式，如音乐会表演、音乐游戏、器乐合奏、音乐剧表演、歌咏比赛等，开展与中学生发展有紧密联系的主题活动。当然，学校也可以在食堂、教室等公共场所，利用校园的大喇叭，设置一些音频，进行有目标的音乐训练，从而达到潜移默化的教育效果。

二、音乐教育对培养中学生心理健康的作用和意义

对中学生来说，他们处于一个精神上的"断奶期"，他们对许多东西都有了浓厚的兴趣，认知也有了相当程度的提高，开始关注身边的许多事物，其中还包含了社会上的许多东西，他们的独立性也越来越强，这就表明他们在与家人的交往中有了较多的不同感受，因此，产生一些冲突是不可避免的。当今社会，大多数孩子是独生子女，他们所处的家庭生活对其人际关系有很大影响，而且他们很可能会有挫折的感觉。音乐通过悦耳的音频和优美的音效来体现其特点，同时也是主观与客观、感性与理性、体验与想象、情感与理智、思维与行动的统一。它属于一种概括的、抽象的、具有普遍性的、富有创造性的一门艺术课程。在音乐教学中，可以提高学生的自我认知能力，提高他们的情绪和情感体

验，提升他们的社会适应能力和人际交往能力，可以缓解压力，陶冶情操，培养高尚情操。在对学生进行心理健康教育的研究中，通过对学生心理健康状况的分析，音乐可以使学生从心理健康的状态中获得愉悦、放松和信心。一首充满活力和美感的歌曲，不仅可以让学生们的精神受到洗礼，还可以在一种愉快和放松的氛围中去获得新知识，这对于促进孩子们的心理健康来说是非常有益的。在初中阶段，这些问题只要得到解答，就可以让他们得到一个良好的发展，如果没有解决这些问题，将来他们遇到阻碍时，有些人就会出现不良的心态，而心态不佳则会引发各种疾病。因此，音乐教学是采用一种特殊的教学方法，通过学生的感觉、兴趣和音乐感情的培育，从而提高他们的音乐情操，推动他们精神品质的健康发展。

（一）提高中学生自我认知能力

由于受到教学条件的制约，中学生经常处于一个狭窄的社交范围内，处于一个比较封闭的小型社交团体当中。由于学业紧张、压力大等原因，中学生与外界交流的可能性大为降低，使他们不易建立起一个良好的自我认识。高中阶段是一个在学校里进行自我意识教育的重要阶段。在经过一系列的音乐教学之后，可以帮助学生们得到一个更好的认识，同时，在这个过程中，音乐教学还可以为他们提供一个新的领域和一份新的体验，让他们在这个新的领域中，体会到艺术的独特韵味，同时也可以用它来引领他们走入社会。老师们将通过学习贝多芬的《命运》来向大家介绍贝多芬的事迹——贝多芬虽然双耳已聋，但他依旧坚守着自己的信念，用他那永不言败的执着，创造出了一首首伟大的作品。莫扎特虽然只有35年的时间，但是他写了21首曲子，41首交响曲，32首协奏曲，48首奏鸣曲，23首弦乐四重奏。通过这些例子，可以激励他们的学习动机，让他们在音乐家的发展环境中去欣赏音乐，去体会他们的艰辛生活，进而让他们在心理上引起一种共鸣，让他们可以进行理智的分析。

（二）丰富情绪体验和情感体验

音乐从人们内心的深层出发，创造出了一种来自人们内心的、具有审美情趣的艺术话语。事实上，无论哪一种艺术，它的终极目标，也就是在人类情绪上起到某种作用。因此艺术的创造就是一种将艺术家的情感投入其中的过程，并让欣赏它的人能够感受到它所蕴含的那种魅力，换句话说，就是艺术家的创新思维，所以我们很容易看到艺术有着一种能够影响人的能力。而在众多的艺术中，又以"音乐"作为最富情感的一种。而情绪体验则是在音乐教育与教学的过程中，人们在对作品的解读与鉴赏中所形成的一系列的情绪共振，也就是所谓的情绪反应。

从广义上讲，情感有正性情感和负性情感两种。长期的负面情绪，往往会产生抑郁的人格，长期下去，势必会对人的心理健康产生不利的影响；而正面情感，却可以促使良好心态的产生，音乐教育是可以实现这种正面的影响效果。首先，音乐教学可以用情绪引导和调整学生的情绪，从而提高他们的精神水平。音乐自身的组成元素，也就是旋律和节奏是非常丰富的，且具有多样性特征。我们可以通过培养学生对音乐的敏感度来增强他们的音乐感受力，同时还需要在这个过程中，添加一些恰当的情感培训。自然，最后的成果就是可以让他们拥有情感的经历，进而将自己的情感反映出来，并将其运用到创作当中，使他们有可能将自己的情感表现出来。其次，音乐教学能够调动他们的积极情绪。美妙的音乐能对人的情感起到良好推动作用，并与人的内心深处相融合，从而引起共鸣和联想，并且迅速地渗透进人的内心，而且这种效果并非无声无息的，而是能够对人的道德情感、精神状态甚至是思想意识产生更高层次积极影响。归根结底，音乐是一种艺术，是一种可以用其两大因素（旋律和节奏）来激发人们的各种情绪的艺术形式，这种艺术形式是一种人们在情感上必不可少的精神连接。有了幻想，才能产生神奇，才能成就非凡。很多知名的科学工作者，当他们的科研工作受到一定的阻挠，他们就会闭门不出，他们会弹琴，或者进行一些理论上的探讨，期望通过这些活动可以为他们的问题寻找一个突破口。就人而言，不可能完全离开情感而单独生存，在理性思考陷入盲区，无法找到解决方案时，情感的干预常常会将问题简化。在某些情况下，音乐可以让人摆脱理性思考的桎梏，让他们拥有更加丰富的想象力，进而拓展他们的科研思路，并激发他们的创新精神。

（三）增强社会适应能力和人际交往能力

中学阶段是一个人从对自身关心向对社会关心转变的一个重要阶段。中学生具有非常强的求知欲，对社会有着非常浓厚的兴趣，然而他们通常都不具有在社会上生活的基本条件——社会适应能力。优秀的社会适应能力可以让学生在面临困难时保持客观、镇定的态度，并找到一种可以有效地处理问题的方法，这样就可以让中学生在学习和生活过程中远离焦虑、恐惧等不良心理，让他们以一种更好的心态来面对未来。因为在当今时代，家长们对孩子们进行了长时间的"包办"式的教育，导致一些中学生在认知和适应方面的水平较为低下，因此，这些学生在面对困难的时候，常常不知该怎么去面对，情绪也变得非常低落和消极。如果此时进行一些音乐教育，那么就可以用音乐的方式把美丽带到他们面前，让他们体会到社会和生命的美好，而且音乐教学还可以帮助他们养成一种乐观、积极向上的人生态度。就像《让世界充满爱》《我们同属于一个世界》等一系列的歌曲所表达的，人在逆境之中，永远不能气馁，要用自己的意志去战胜所有的困难，要相信这一点，所有的一切问题都会得到解决，这些都是高中音乐教材上有所体现的。让中学生去听这些歌曲，然后用图片和文字来描述当时的历史背景和作者当时的境况，这样可以让学生受到很大的影响，从而对这些歌曲引发更多的同理心。学习社交类歌曲，可以使他们敞开心扉，更好地帮其养成积极的心态，进而增强他们的社会适应性。

人际交往能力是一个人迈向成功的重要因素，对中学生而言，此时个人的人际交往能力具有非常重要的现实意义。加强中学生的人际交往能力，可以让他们的精神品质得到很大限度的改善，也可以让他们在自身的生活与学习上得到更多的锻炼，而且人际交往应该从小就进行，在高中时期，他们的精神都处于比较完善的时期，在这个时期，他们必须具备一个好的心态，才能在与他人的交流过程中，准确地将自己的情绪与意愿表达出来，同时也可以防止出现自卑与骄傲等负面情绪。正是由于音乐是一种富有创造力的演出艺术，所以它所蕴含的情绪也是非常丰富的，所具有的表达方式也是非常丰富的。这种丰富的表达方式和情绪，可以为人与人之间的沟通带来丰富的信息，让他们在进行音乐语言的对话时，不会觉得无聊和乏味。在进行音乐教学的方式上，可以采用合唱、合奏等。在整个合唱、合奏的教学过程中，学生们均要与别人进行互动，以此进行自我调整，并达到相互协调性，这样就提高了学生们的交流与沟通能力，可以让他们在一种愉快的心情下进行学习，帮助他们提高学习效果。在培养学生的人际关系方面，音乐教学自有其独特作用，这不是单纯的数学、物理、化学等学科能够替代的。

（四）缓解压力

在长时间、高密度的学习环境中，学生们都要进行自身的调整来释放精神压力，假如不能将这种冲突调整好，就可能出现沮丧、烦闷等精神状态，有些人还会出现胸闷、头痛、头晕等情况，所以，学生一定要懂得进行自我调整。在这一阶段，教师要引导他们进入音乐的天地，让他们在这片乐土中得到净化，释放压力，释放情绪，减少精神压力，让他们在一种放松的氛围中学习，让他们能热爱生活，并笑对人生。比如，在课堂上，歌唱也是一种可以释怀的方法，在歌唱的时候，要让学生们用一种轻松、自然的状态来歌唱，用心地去感悟歌曲中的情感变化，在歌唱的时候，感受到音乐带来的快乐。

（五）培养高尚的品德

育人先育德，崇高的品格是一个人行为方式的根本。中学是一个人生命成长的关键阶段，它既是学习知识的关键时期，又是建立优良道德品质的关键时期，所以，养成优良的道德品质就显得尤为重要。而音乐教学可以使人养成良好的道德品质。作为一种表现情感和想法的方式，音乐有着独特的、可供选择的美感。它的美丽不是用外在的东西包裹起来的，而是一种从心里发出的声音。

音乐的鉴赏对人的素养也有着很高的要求，如果没有道德文化的支撑，没有智慧的支撑，是无法享受到一段好的音乐的。以音乐为载体表达感情，可以以其特有的美学需求，全面提升人的综合素养。音乐可以鼓舞士气，提升精神，可以陶冶情操，让人的精神获得慰藉，可以让人的内心变得平静，让思维变得更加清晰。在我国，音乐教学最重要的作用就是培育学生的情感，塑造学生的人格。中学阶段正是学生形成人生观、价值观、世界观的阶段，他们很可能会被音乐的内容所感染，因此音乐教学在培育崇高品格方面拥有远超其他学科所无法替代的优势。若能借助音乐教育这一媒介强化对真善美的导向，则对其道德认知层次和心理平衡的协调上都会产生良好效应。通过音乐教学形式对学生进行道德修养教育，使他们的精神状态达到一个新的高度，从而对构建社会主义和谐社会起到积极的推动作用。

托尔斯泰曾说："在所有的艺术中，我最爱的就是音乐。"雨果说："音符乃打开人之智力之钥匙。"可见，在人们的日常生活中，音乐是一种不可或缺的要素。因为音乐是一种可以让人敞开心灵深处最真实情感的艺术，所以，我们要用它来帮助自己形成一个良好的心态，特别是要把重点放在中学阶段的心理健康方面。在教学中，既要以事例启发，又要以乐曲教学引导学生形成良好的品德。音乐老师要注意观察学生的心理特点，并根据其特点，采取有针对性的引导和调整措施，使学生在愉快的聆听中，不知不觉地受到精神文明的影响，从而形成高尚的品德。

第二节　中学生音乐心理减压疗法

一、中学音乐教育应用及心理减压的意义

（一）中学音乐教育的应用

1.满足中学生对音乐的需求

在我国德、智、体、美、劳等全面发展的教育背景下，音乐教学需要走向科学化的发展之路。音乐教学不仅可以解决学生对知识的需求，可以塑造他们的人格，提升他们的美学水平，还可以减轻他们的紧张情绪。

据了解，部分学生是以自己为核心的，群体意识薄弱，生存能力差，社会性较差，他们往往不能正确地对待自己的挫折和失败，不能正确地看待自己的梦想与真实之间的差异。在这种情况下，独生子女们若没有与父母的交流，他们很容易变得焦虑、消极，甚至还会出现抑郁、自闭等精神问题。因此，在中学阶段，做好学生的心理健康工作是一项艰巨的任务。

因为目前的音乐治疗尚未完全进入中学，所以许多学校的音乐心理咨询老师都是以音乐老师为主对学生进行心理咨询辅导。针对目前中学生所面临的各种心理问题，仅靠音乐教育很难有效地解决问题。尽管许多学校和教师都认识到了音乐对他们的情感有着正面的作用，教师在教学中尽可能地去满足其学习需要。但由于各种因素的限制，并不能完全地让每个人对音乐的需求都得到满意的结果。当前，中学生所面临的许多心理问题，就要求进行音乐心理压力治疗的老师有针对性地去解决问题，并且要让他们从自己的生活和学习中摆脱出来，让他们拥有更好的

人生态度，用饱满的精神来迎接每天的生活。因此，在音乐教育过程中，为了更好地处理学生在平时生活中由于琐碎的事情引起的负面情感，教师可以通过指导他们每日听歌来排解烦恼，将心中的郁结发泄出来。

大多数中学生都相信音乐可以引发他们的心理情感，并且可以用来舒缓他们的情绪。还有一些中学生说，在听了歌之后，他们的情绪会变得更加平和，甚至可以暂时忘掉一切。还有一些中学生说，他们在遇到精神上的紧张情绪。且要释放自己的时候，就会不自觉地去听歌来调整自己的不良情绪。这说明中学生对音乐调节情感的能力有一定的认知。同时，他们也想通过欣赏各种类型的乐曲来提升自己的音乐素养。

中学的学习与生活应当是轻松愉快的，特别是中学生这个年纪正是人最无忧无虑、最纯真的时候，他们应该在简单的条件下学习和生活。但目前中学生的学业压力较大。面对这样的重压，乐观主义的人会采取正面的应对方法，而忧郁的人则会采取一些过激的方法来宣泄。现在的中学生空闲的时候不多，而学校又有很多的工作要做，因此在中学教育里，要大力进行一些可以让他们放松下来的教育活动，如音乐教育就是很好的教育资源。

2.构建和谐的校园音乐文化

学校不仅是一个学习的场所，更是一个让人身心健康发展的场所，在这样一个融洽的学校文化中，每个人都会得到很好的发展。建设"融洽"的校园音乐文化，需要在"融洽"的基础上，营造出一个良好的、协调的、多彩的校园环境。中学音乐教育对高中生的人际关系、整体素养等方面产生了重要作用。要想了解未来的世界，就要从教学入手。中学生的心理健康问题应引起学校和社会的高度重视。中学生是国家的栋梁，是国家的希望，所以，我们都要像呵护珍宝一样去呵护他们，让他们有一片蔚蓝的天空，能快乐、幸福地成长。

世界卫生组织对"健康"下了一个综合性的定义，它不但指人们身体的健康，还包括心理和生理上的健康，并具有较好的社会适应能力。

据此，健康可以划分成两大类：一类是生理类，一类是心理类，这两类中任何一类出现问题，都可以称之为不健康。所谓的"心理幸福"，就是在一个人的精神层次上能够得到平衡与满意。目前的高中生都有一个共同的问题，那就是他们的精神上有很大的负担，虽然他们正处于青春发育期，玩耍欲望很强，但是他们的学习又非常繁重，在学校里举办一些音乐比赛，不但可以让他们的精神变得更加充实，更可以让他们的精神得到升华，减轻他们的精神负担。高中生可以通过歌唱比赛、戏剧表演等方式，来提高学习能力。通过这种方式，能够让每个人都有机会参与到艺术活动中来，从而提高同学之间的沟通能力，缓解他们的学习压力和情绪，最终实现建设和谐校园音乐文化的目标。

3.面向学生开设"音乐治疗室"

音乐对中学生的心理作用甚为明显。许多高中生都背负着升学的巨大压力，有些中学生还因为家人给他们带来了一些精神上的创伤，他们不能将这些精神上的负面情绪转变为正面情绪，太多的消极情绪就会成为一种无形的负能量，从而导致中学生的精神状态产生各种问题。很多中学生还能感觉到，这种心理压力给他们的学习、日常生活、人际交往造成了很大影响。可是，他又担心周围的同学和朋友会对自己带有偏见，所以他不愿意接受心理辅导，也没有胆量去改变自己的处境，扭转自己的消极心理。因此，在教学中进行音乐心理咨询就显得尤为重要。

为了使广大中学生能有一个健康阳光的校园生活，促进其身心健康发展，必须充分发挥"音乐治疗室"的作用。校方及老师应主动邀请那些情绪低落的学生到这里来解决问题。学生可以用倾听音乐、高声歌唱等方式来发泄自己的情绪，在享受了一段歌曲之后，获得满足感，从而找到信心，摆脱内心的阴影，使自己的精神得到放松。设立"音乐治疗室"必须结合学校实际情况，对担任音乐疗法的老师进行专门训练，才能取得较好的疗效。假如有些学校办学环境较差，且教育设备不够完备，并且没有独立的音乐治疗室，那么则可以利用宿舍、操场、固定教室等场地，将其设计成一个温暖的活动场所，对其进行充分利用，以便在此进行群体的音乐减压治疗。若让参与的学生没有紧张感，可以在一个轻松的环境中，让其感受到通过音乐进行的心理减压所带来的正面、积极的效果。

（二）音乐心理减压的意义

现在的中学生在学习和生活中会出现一些较为突出的问题，比如，升学的压力、叛逆期的迷茫和早恋的影响等。在当前的基础教育中，如何有效地帮助中学生是一件值得关注的事情。因为中学生的生活十分丰富，许多心理问题又是非常隐秘的，所以任何一个教师都不能对他们的心理进行全面的了解。如果仅仅依靠心理访谈等简单的方法来减轻中学生内心的紧张，其效果都是欠佳的。目前，我国许多教育学家、心理学家都提出，当今的学校教育，既要注重增长人的知识，又要注重人的身心发展，因此，在教学过程中，教师必须重视和调整学生的心态，要将多种教学方法有机地结合，培养出品学兼优、乐观向上的综合型人才。

"音乐心理减压"指的是：音乐老师利用音乐对中学生的情绪进行影响，对学生内心的情感世界进行音乐功能运用，以达到减轻学生心理压力的目的。而在学校中所采用的"音乐心理减压"是对学生的心理健康教育的重要方法，但此方法仅能缓解中学生的心理紧张，并不能用于某些病症的治疗。如果出现了抑郁症、焦虑症、自闭症、恐惧症等疾病，通过音乐进行心理减压并不能得到治愈。因此，"音乐心理减压"治疗仅仅是针对一般的心理问题和一些不良的情感进行介入。故而，在普通的中学生当中，"音乐心理减压"也易于被接纳。然而，许多人却对学生进行音乐心理减压与在音乐教育中进行音乐鉴赏这两个方面内容相混淆，虽然这两个方面在目标和方式上有着较大的相似性。因此，要对以上二者有明确的区分，以便达到预期效果。

二、中学生音乐心理减压的作用机制及原则

（一）音乐心理减压的作用机制

1.心理作用

在不同的层面上，音乐对人们的心灵、情感都有不同程度的作用和影响。从表面上来说，人们对音乐的"审美反射"，就是在听了一首歌的时候，人们就会自然而然地调整自己的神经系统，产生一种发自内心的感觉。所以，在这样的情境中，听歌不需经过深思熟虑，而仅仅是一种情感上的直观感受。从更深层次上来说，它是为了创造一种气氛，让人产生一种想象，一种情绪，让人想起自己的过去。在教学中，利用不同节拍的乐曲，激发出学生的各种情感经历，并对其进行回忆，增强其情感水平，从而实现对负面情绪的发泄。我们都知道，现在的学生课业负担日益加重，父母对他们的期望很高，他们的学习压力很大，考试很多，这使得他们常常处于一种过度紧张的状态。教师又很难照顾到全校学生的心理状况。在这样的环境下，就要求中学生要学习如何进行自我调控，通过使用音乐来发泄自己的情感，并学习如何自我调整，进而实现对自己的超越。可以通过听一些欢快的歌曲来让情绪得到舒缓，让心灵得到安宁，这样就可以激发出内在的正能量，让自己能够以一种积极、乐观的态度去对待学校生活中的得与失。在教学实践中，音乐老师可以对中学生进行有效的干预，分析其对学生的影响。各种音乐的风格、旋律和节奏有着很大的差异，因此，可以按照学生不同的精神状况来对音乐进行选择，并将音乐的风格运用到人们的精神机能中，创造一种让人感到放松和愉快的氛围，从而让其心情变得更加平稳，减少他们心中的烦恼。由此可见，通过对中学生进行音乐心理疏导，可以有效地舒解其心理压力，达到预期效果。

2.物理作用

人体器官都有自己的运动节律和规则，它们时刻处于一种"微震动"的状态。当人体内的"微震动"紊乱时，人体会产生多种不适感，有些表现为生理上的病症，有些表现为心理上的抑郁。因此，在临床上，一般都会选用轻快的旋律，让病人从痛苦中解脱出来。在中学阶段，我们要做的就是用音乐来调节，用它来刺激脑部的内分泌，加快血流速度，以减轻他们生理上的不适感。

现在的中学生面临着学习、生活等方面的诸多压力，有的人会感到生理不适，而人体内的"微震动"又会引起机体的紊乱。如果出现这种现象，就可能出现头晕、恶心、胸闷、身体疼痛等一系列表现，还可能会出现厌学心理、逃学行为等。但是，音乐是一种可以将人类的社会生活以及他们的心理情绪表现出来的一种艺术。音乐通过节奏、和声、旋律完美的结合，可以给聆听者带来一种身心的欢乐，同时还能让肌肉和脑袋都处于一种松弛的状态，让紧绷的神经也能获得短暂的舒缓，让身体产生的种种不适能慢慢地减轻，甚至完全消失。

3.生理作用

医疗调查显示，音乐可以促进并改变人脑中的某些东西，如胆碱类，从而在大脑皮层中产生细微的改变。通过对人体的神经和体液的调控，从而达到调整人体的生理机能和增强机体的免疫功能之目的。

当学生在压力过大的时候，他们会血压上升、呼吸加速、皮肤温度降低，而音乐可以让他们紧张的神经得到松弛，从而血压下降、呼吸和缓、皮肤温度上升，同时还会释放一种叫作"内啡胺"的物质，会让人出现激动的情绪。当一些人在心情不好的时候，会出现注意力不集中、无精打采、食欲不振、反应迟缓、疲乏嗜睡等症状。而通过听一些正面、有益的音乐，可以使他们从心理上得到改善，进而走出心理阴影。研究证实，舒缓的音乐有提神醒脑之效，它可以刺激大脑皮质，增加肌群的紧张度，增强肌体的生命力，让其有一种精神抖擞的感觉，同时也可以让心情变得好起来。

随着现代社会的发展，人们的学习速度越来越快，而中学生在学习过程中所遇到的种种实际问题也越来越多。人与人之间的相处模式是不一样的，豁达或积极的人面对这种事情，会表现得非常淡定，而消极的人往往会有一些出其不意的行为。特别是一些学生的判断力很差，如果没有合适的引导，很可能会做出一些极端的事情。许多中学都加大对学生的音乐教育力度，通过音乐来缓解他们的精神压力，轻柔、欢快的音乐能提高他们的大脑及所有神经系统的机能，让他们的身心处在一种融洽、愉快的氛围中。例如，现在的学生面临着巨大的精神压力，所以会有很多人出现失眠的症状，此时让学生听一段有节拍、有旋律的音乐可以使他们更好地入睡。除此之外，考生由于在高考中的表现并不出色，出现消极心理时，老师可以用一些悲伤的、痛苦的音乐来对他们的负面情绪进行疏导，让他们能够更快地把自己的不良情绪释放出来。在把所有的负面情绪都释放出来之后，老师可以用一些正面的、健康的音乐对他们进行指导，这样就能将他们心中的正面情感调动起来，从而帮助其走出高考失利的阴影。

（二）音乐心理减压的原则

在中学阶段，音乐缓解是一种比较独特的教学方法。音乐疗法与精神疗法有着许多相似之处。如对个人隐私权、交流等有特别的需求，这是必须要遵守的规则。当然，一个音乐治疗医生，接待他们必须要充分地尊重、真诚地对待。这样才可以进入一个人的心里，和一个人成为真正的好朋友，知道他们的真实感受。在此，重点介绍以下几个不容忽略的原则。

1.循序渐进原则

就这一阶段而言，音乐介入的时间很长。唯有经过循序渐进的、恰当的疏导，方能起到安抚人心的作用。特别是在接待学生时，要针对学生不同的心态，制订出有针对性的辅导计划，逐步推动工作的进行。从音乐选择的角度来讲，要进行音乐的分类，对情绪低落的学生要采用有难度的音乐，而对心理阴沉的学生也要有更恰当的选择。特别是要坚持"循序渐进"的理念，从表层到深层，让被矫正的同学逐渐接受。

2.理解原则

中学生能获得的各种音乐形式较为局限，特别是当今社会的各种不同的音乐氛围，使他们难以建立起自己的音乐美学理念。因此，在访问者进行音乐缓解的初期，必须对其进行相关的教育，这样可以将音乐作品所表现的意境迅速地传达给学生，让他们可以深入地感受到音乐作品所蕴含的内涵，从而有助于他们更好地理解作品的意义。

3.启发原则

没有什么比音乐更能激发人们的意志，更能用声音传达出一种更丰富、更深层的内在感受。特别是中学生，有的时候，他们不想把自己的想法告诉父母，心里总会不畅。就算他们偶尔也会通过音乐来缓解自己的压力，但却不愿打开自己的心扉。因此，在这种情况下，必须重视对中学生的启发，激发他们对音乐的感受，让他们产生一种情绪的释放。

4.体验原则

音乐疗法最重要的目标就是要让学生们在音乐上获得一种精神上的享受，使学生们的精神得到升华，消除烦恼，专心学习。然而，在实际操作中，一些老师仅仅重视这种方法的表现，忽视了对学生的情感体验，从而对学生心理造成了压力。因此，在具体操作时，要考虑如何让学生们可以充分地去感受音乐，以此来缓解他们的情感。

三、中学生音乐心理减压的治疗形式及实施

（一）音乐减压的治疗形式

针对学生的需要，对其进行多种类型的教学非常重要。可以进行逐次的个人辅导，也可以进行小组式的辅导。不论是何种疗法，在其执行时，都能对其产生正面的影响，具有一定的现实意义。目前，在中学生

的音乐教学中，较多采用的是音乐心理压力缓解的方式。根据学校的办学条件、师资力量、教学设施等，主要有三种方式，分别为：聆听式音乐疗法、即兴式音乐疗法和表演式音乐疗法。

1. 聆听式音乐疗法

倾听是欣赏音乐最普遍的方式。在音乐心理辅导老师的引导下，同学们可以去倾听一些有意义的音乐，再和同学们一起进行一些直接的交流，将自己心中的想法说出来，从而通过对音乐的联想等方式来缓解自己的内心压力。聆听式音乐治疗也称"接受式治疗"，是指在听到音乐时，通过对自己进行一系列身体和精神上的反馈，来使自己得到一种放松体验。

中学心理健康教育老师要不断提高自己的职业素养，提高自己的实际操作能力。学习多方面的知识，从全面、科学、客观、理性的角度去感受学生的内心世界，并根据学生的实际情况，运用更多的音乐进行聆听式音乐治疗的实践。

2. 即兴式音乐疗法

这种音乐治疗方法主要是以即兴的乐器演奏为主要内容，一般是在老师的引导下，让学生使用一些简单的乐器来表演难度较低的音乐作品。可以演奏钢琴、吉他、二胡、口琴以及其他的敲击器。请同学们用自己的方式来表达自己的情感。即兴式音乐疗法的重点在于，让他们能够无拘无束地弹奏，不求得到别人的称赞，不求与音乐的创作过程相吻合，只求简单地追求最真实的自己，了解自己，并进入忘我的状态。在学校的"音乐心理缓解"活动中，中学生可以用自己的作品来宣泄其郁闷和不满情绪。即兴式音乐疗法既能让学生更好地将注意力放在音乐上，又能最大限度地缓解他们的负面情感，让其以一种放松的态度去对待学习和人生。

3. 表演式音乐疗法

表演式音乐疗法为学生们创造了一个练习的舞台，让学生有一个展示自己，并在演奏中培养自信的好时机。在音乐心理咨询教师的帮助下，学生能够根据自己的特点来进行艺术表演，从而能够积极地展现自己的才能。在获得肯定之后，表演式音乐疗法能够帮助学生进行调适，从而改善负面情感。在演奏中，他们能从心理上获得满足，从而以一种正面的心态去对待人生的不良情绪。而在运用中，要遵循适当的策略，要充分理解每位同学，学习同学的优点，克服自身的缺点。有些学生在音乐上缺乏天分，如果老师无视他们的实际状况，对他们展开表演式音乐治疗，则只会事与愿违，当学生觉得自己表现得很差时，就会出现挫败和负面的心理。这样的状况明显有悖于此音乐疗法所要达到的目标，也有悖于音乐心理压力缓解所要达到的目标。因此，老师要意识到，每位中学生都有自己的特长，老师要充分发挥他们的特长，让他们将自己的全部精力都放在自己喜欢的事情上，这样就可以将他们的负面情感转移、宣泄出去。而比较好的表演式音乐疗法，则对促进学生的心理健康和对社会的适应性有很大的帮助。

（二）音乐心理减压的实施

1.环境的设置

首先，我们应该为学生提供一个舒适、明亮、安静、不受噪音干扰的教室。房间不要很大，15平方米就可以了，房间的装修要以温暖的色调为主，房间内可以摆放一些绿色系的植物，这些都是可以缓解心情的。在客房内配备有CD机、录音机、电脑、多媒体设备等进行音乐的回放。整个建筑的布置应体现出一种淡雅舒适的风格，营造出一种令人心情愉悦的氛围。

2.音乐的内容

许多人都觉得，要想让学生们的精神压力得到缓解，应该多采用那些具有舒适度的音乐以让他们在心中感受到一种温馨的情绪。其实并不是这样，由于每一个人都有自己的特点，所以在音乐减压早期，老师们需要跟他们展开更深层次的交流，对他们内心的真实想法有更多的理解，进而去选择更多更好的音乐。在平时的教学中，老师更喜欢用一些轻柔、积极的音乐来缓解学生的情绪。在音乐方面，多采用一些描绘自然风景和四季的音乐，如大海、草原、森林、田园、春季、早晨等一些令人愉快的音乐作品。也有少部分人觉得这种曲子难以让自己平静，心中仍充斥着郁闷与不甘。在教学中，老师可以选用音色较深、节奏较慢的歌曲，以激发他们的情感，达到宣泄的目的。因此，在音乐的选取上，必须要结合学生的特征来进行，不要一味地重复地运用某些音乐，成为"音乐的药方"，那样的话，通过音乐来进行压力缓解的实际作用将会大打折扣。在音乐教学中，可以在教学中运用多种形式，以使学习过程中的学生得到充分的精神放松。

3.实施方法

先让学生们坐在一把椅子上，或是躺在一张床铺上，全身都要保持一种宁静和轻松的感觉。用两只手轻轻地揉揉他的脑袋和面部，让他全身放松，为聆听音乐做好充分准备。

要按照手、臂、肩、头、颈、胸、腹、背，腿、脚的顺序，对身体进行全面放松，还要对学生展开正面的精神引导，让他们的身体和精神都平静下来。例如，首先要使自己的双手松弛下来，让学生捏住自己的两个拳头，感受到自己的身体有一种肌肉的紧张和收缩，之后逐渐将自己的双拳松开，从而感受到自己的双臂是如何处于一种完全的舒展状态，并让自己的双腿都得到舒展。其目标是可以让学生寻找一种快速放松的方法，久而久之，当他们适应了这种方法后，就可以不再使用这种辅助的方法，而是直接获得放松的感受。除此之外，还要与轻松的想象相配合，对自己的身体做出一些提示，例如，让他们首先闭上眼睛，告诉他们面前有一个花瓶，花瓶中有一粒种子，这粒种子慢慢地破土而出，长出第一根嫩枝，然后长出第一个花蕾，最后绽放出第一朵花朵。在根据自己的想法，去做某些特定事情的时候，他们的身体也会渐渐地达到放松的状态，以此来缓解他们的紧张情绪。

然后开始演奏。让他们闭上双眼，完全沉浸在音乐的旋律之中，让他们能够调动自己的情绪，与音乐的内容形成共鸣。将心灵情感与这首曲子密切地联系在一起，仔细地倾听每一个音符、每一个乐句，跟随这首曲子的节奏，慢慢地将自己带入这首曲子中，以此将自己心灵深处的情感调动出来。例如，当听到《春江花月夜》时，他们就会浮想联翩，想象出一幅"渔舟唱晚"的画面。黄昏时分，远处一叶扁舟从宁静的湖泊之上缓缓驶到对岸，河畔的佛寺响起了一声钟鸣，隐隐有乐曲随风而起。小船缓缓驶向彼岸，歌曲也逐渐消退，湖上有轻柔的微风，划动的船桨掀起一道道水波，优美的钢琴曲在他们的耳朵里响起，让他们的身体和精神都变得无比放松，让他们拥有一个健康向上的精神状态。在音乐的内容完成之后，并没有让他们着急地张大双眼，要让他们慢慢地回想，慢慢地回归到真实的生活之中。最后，让全身都得到充分的休息和调节，从而完成一个完整的心理压力释放过程。

4.注意事项

尽管在教学中，音乐治疗为老师的教学工作提供了诸多有利条件，但是并不意味着可以无节制地运用"音乐"来缓解心理压力。

第一，选用合适的音乐。假如有的学生正患有某些疾病，他自身就会处在一种很紧张的状态，很怕被刺激，这时使用声调尖利、节奏较快的音乐就会让他的精神有更高的压力，就会对他的情感造成影响，从而让他的疾病变得更严重。也有些患有抑郁症、焦虑症、恐惧症的人，他们的心理本来就很脆弱，对事情的认知能力不足，对真实和虚幻都没有一个清楚的界限，如果使用了不合适的音乐，就会引起他们的情绪波动，加重他们的不良情绪，从而产生二次伤害。因此，在进行音乐心理压力释放的过程中，要根据不同的情况，采用适合的音乐来调节自己的心态。

第二，对学生进行精神压力的释放，切忌让他们在空腹的情况下进行精神上的释放，如一些演唱会刺激到他们的胃肠，让他们的食欲变得更大，从而导致头晕。在吃完东西之后，千万别让他们去听一些有节奏的、有金属质感的、有速度的音乐，因为这些歌曲很可能会对他们的心脏产生强烈的刺激，让他们的血液循环速度加快，呼吸速度加快，从而让他们的身体难以消化和吸收。在非常紧张的情况下，千万别选择摇滚或是音域跨越较大的音乐，那样会加重他们的紧张和不安。在学生的精神处于极度紧张状态的情况下，千万别选择交响乐，因为这些音乐的风格都是雄壮的，会让人产生一种激动和兴奋的感觉，让学生本来就很紧张的心情无法得到缓解。

第三，演奏时要注意音量。在此基础上，提出了一种"以人为本"的精神状态法。所有的噪音都会对音乐疗法造成干扰。太大和太小的声音会影响气氛，因此在演奏的过程中，必须要将音量限制在50分贝以下，这样才能让人的耳朵感到舒服。此外，要更加重视对曲目的适时补充，以防止曲目过于单一，而造成对曲目的厌恶。

四、中学生音乐心理减压的作用研究

中学生面对社会、家庭、学校等各个方面的压力，从而产生了一些心理健康问题。这些问题主要体现在心理承受能力低、人际适应障碍、团队意识不足、以自己为核心、循规蹈矩、缺乏创新意识、学习动机功利化、对学习兴趣不浓厚、学习意志薄弱、情绪波动大、性格冲动敏感等方面。这些问题，会导致学生的神经系统处在不平衡的状态，使他们出现打架、骂人、说谎、厌学、逃学等现象。

要想让中学生真正地走出心理困境，学校就要加大对他们的心理关爱，帮助他们释放心理压力，如可利用音乐治疗的方式帮助他们克服种种心理问题，为他们创造一个阳光健康的氛围。这对中学生进行心理压力缓解有着积极的影响。

（一）弥合学生的心理创伤

许多中学生性格内向、自卑、敏感，他们把自己的真实想法隐藏起来，稍有挫折或受伤，不能调整自己。在一些单亲家庭里，学生会有非常明显的孤独感和无助感。由于父母没有对子女进行适当的指导，一些学生很容易出现自卑情绪。甚至一个不经意的举动，就能在他们心中造成巨大的影响，给他们带来很大的阴影。音乐拥有潜在的情绪调整作用，一些积极健康、乐观向上的音乐可以使人放松，从而改善中学生的负面情感。除此之外，学生还可以通过讨论音乐作品、音乐家等内容来强化他们之间的沟通，让学生之间形成一种良好的情感依托。

人的身体和精神是一体的。人在年轻时受到了精神上的创伤，如果得不到及时疏导，很可能会出现抑郁的情绪。教师在教学工作中，可以适当地用音乐缓解学生的心理压力，将其心中不为人知的创伤抚平，使其可以面对日常生活和学习中所遇到的困难和挫折，这样学生就可以逐步包容和了解并正确处理一些问题。音乐能够陶冶人的情操，当学生陶醉音乐中时，他们就能暂时遗忘现实中的不开心，在音乐的海洋中畅游，慢慢地将心中的乌云驱散，用乐观的心态去对待人生中的不如意，正确处理学习中遇到的困难。

（二）净化心灵，给人以启迪

当学生感到疲劳的时候，可以用音乐疗法来让自己暂时忘记生活和学习中的紧张，感受音乐带来的宁静和快乐，把心中的一切烦恼都抛到九霄云外。

被繁重作业压迫的中学生，可以利用音乐进行心理压力的释放，从而得到愉悦的心态，进而取得良好的学习效果。一个人能够保持一种乐观的心情很长时间，在这个过程中，这样兴奋的状态能够使人开拓出更多的思路，从而形成正面的心理暗示。通过音乐带给人的美好体验，能将人们心中的不和谐、不愉快排除出去，人们就可以对事情进行正确的评判，从而获得新的理解、新的感悟，进而对自己的学习和人生保持一种正面的心态。

（三）宣泄情绪，缓解内心压力

学校德育工作还面临着许多难题，音乐疗法与一般的学校德育工作相比，存在着独特的优势，从某种意义上说它是一种更深入的德育工作。可以根据学生的特征和需要来进行有针对性的音乐教学，引导他们用心灵感受，从而可以宣泄他们的情感，减轻他们的内在压力。

中学生的心理咨询工作是学校的一项重要工作。在用音乐缓解压力时，并不意味着只让学生听着音乐，休息一下，然后就可以结束了。用音乐的方式需要慢慢地激发他们的精神，排解他们的负面情感，让他们可以用积极的态度面对自己的人生和学业。比如，当一名中学生心情不好时，可以用悲伤的音乐来鼓励他，让他尽情地释放自己的悲伤。按照"物极必反"这一定律，负面的东西被全部释放后，正面的东西就会出现。这种疗法就像"大禹治水"一样，它突破了传统，以"疏"代替"堵"，让学生有了宣泄的机会，让学生把所有的负面情感都给摒除掉。

（四）培养学生积极乐观的心态

强大的心理并非与生俱来，也并非自然而然就能产生的，它是在客观环境的刺激下逐步产生的。在中学生阶段，学生由于自身的特点，其心理正处于一个积极发展的阶段，因此，重视其自身的发展具有十分重要的意义。一般情况下，人们的心理状态可以分为两类：一类是积极的，另一类是消极的。在21世纪的今天，学生们面对着来自家庭、学校和社会的各种不同的心理压力，他们极容易出现消极的情绪。学生是父母和教师的期望，那么怎样才能让学生拥有一个积极、乐观的好心情，从当前的整体状况来看，学校教育对学生心理素质的重视还很不足，仍将学业成绩作为第一位。目前，一些注重学生心理健康的中学，对音乐的作用较为关注，这些学校可以灵活地利用音乐的功能来调整学生的心理。用音乐缓解心理压力，在一定程度上可以帮助学生克服抑郁和消极情绪。

（五）加强人际交流的能力

当今的中学生中，的确有一些交际障碍少年，尤其是独生子女，他们得不到兄妹的关怀，感受不到大家庭的温馨，他们性格孤僻，不合群，拒人于千里之外，所以他们被称为"独行侠"。对于这些学生，学校要通过多种方式，增强学生之间的沟通，建立团结友爱的同学感情，这也是学校对学生思想教育的一项重要工作。

对学生实施的"音乐心理压力缓解治疗"，可以帮助他们克服人际关系上的困难，提高他们主动倾诉的积极性，表达自己，分享自己的心声。由于中学生有表现自身感情的困难，使他们在处理人际关系问题上存在一些缺点，这就极易让他们对自己产生错误的认知，从而害怕或拒绝与外界建立关系。但是，音乐的作用却很大，它是人类交往的媒介。音乐是一种社交的、非言语的艺术，是一种细微的"世界通行的语言"，在学校中实施的"音乐心理压力缓解治疗"正是将音乐的这种独特的作用发挥出来。它对于提高中学生的社交能力、拓宽他们的交友范围具有重要的意义。

（六）培养学生健全的人格

个性是一个人的思想、情绪和行为的集合体。个性是一个人的精神特质，它突出了个体的稳定性和一致性。在中学阶段，塑造良好的个性，是中学教育的一个重要任务。在一个人的个性发展过程中，学校的教学工作起着举足轻重的作用。

早在西周时代，就有了"乐所以修内也，礼所以修外也"的说法，由此可见，音乐对于一个人的内心修养以及个性的塑造有多大的作用。在培养人们的情感方面，音乐有着不可替代的重要功能。冼星海曾说："音乐是一道清泉，每当疲劳来临，就让我们闭目静静倾听，如同一幅美丽的画卷。"乐声像清泉，沁人心脾，洗去了污垢，使人的心更纯净，使人的心如清水，如白云。音乐的影响，可以使人们的内心得到升华，从而使人们的个性得到完善。

（七）提高个人综合素质

一个人的综合素质并非独立地表现出来，而是相互联系、相互影响和制约的过程。在中学阶段，学生的学习能力主要表现在观察、记忆、分析、判断、概括、动手、思考、整合、创新等方面。音乐教学对个人的全面发展起着不可忽略的作用。在中学进行的心理咨询工作中，将"音乐心理压力缓解治疗"视为音乐与心理的双重拓展，对学生的健康发展具有十分重要的作用。

"音乐心理压力缓解治疗"对培养中学生的洞察力很有效，例如，施特劳斯的名曲《蓝色多瑙河》旋律流畅、轻柔动听、节奏奔放、充满生机，引导学生顺应大自然的呼唤，随着节拍而喘息，从而产生一种悠远的感受。该乐曲能帮助人们更好地专注于观察。此外，通过对中学生进行"音乐心理压力缓解治疗"，可以有效地提升中学生动手能力。在校园里开展各种音乐活动，能使学生在繁忙的课业中得到充分的休息，通过音乐来舒缓自己的情绪。让人们可以通过群体的音乐行为，去发现自己的存在，去认识自己的能力。在音乐教学中，让学生去欣赏、演奏、创造，在这个学习的过程中，培养他们的动手能力。

通过对学生进行"音乐心理压力缓解治疗"，可以有效地促进学生的思考，特别是创造性、想象力能力的发展。作为一门集创作、表演与欣赏于一身的音乐艺术，"音乐心理压力缓解治疗"能使个体的创新意识得到最大程度的发展。学生可以以自己的情绪经历为基础，创作出具有自己独特风格的音乐作品，并与表演式治疗相结合，在这个过程中，逐步地提高自己的实际技能。此外，在欣赏音乐的时候，学生还能利用自己的想象，在头脑中形成一幅立体的、栩栩如生的图像。

通过"音乐心理压力缓解治疗"，可以有效提高学生的综合素质。关于音乐的内容，有许多知识信息，其中包括词曲作者、音乐背景、音乐内涵、音乐知识等。在音乐的赏析中，要将这些内容有机地结合起来，以产生丰富的感情经验。在这个过程中，一个人的综合素质也会在不知不觉中得到提升。

第三节　歌唱治疗对中学生心理健康的影响

一、中学生容易产生的心理问题

（一）情绪与性格上的问题

当今的中学生大部分都是独生子女，娇生惯养，同时他们也是身心正在发生巨大改变的青少年，所以他们会出现一些心理问题，如自卑、自闭、偏激、孤僻等。如果没有一个合适的、行之有效的方法帮助学生处理这些心理问题，就很容易使其滋生出焦虑、压抑、忧郁、紧张、恐惧等心理障碍。中学生面对着巨大的学习压力，这些心理问题如果不能得到学校和家长的正确引导，将会对他们的身体和心理产生很大的影响。

（二）网络成瘾方面的问题

网络成瘾是中学生一个常见的问题。网络成瘾包含了游戏成瘾、社交成瘾、八卦成瘾、小说成瘾等，5G时代的来临，使这些问题更加突出。网瘾的问题一直是困扰着学生和父母的一个难题，它会引起厌学、网恋、神经质、人际交往障碍等一系列的问题。现在，由于沉迷于网络游戏而导致的惨剧屡见不鲜，甚至会引发一些违法行为。

（三）人际交往的问题

每一名学生的家庭文化背景都是独特的，因此学生的价值观和个性等方面也存在着差异，学生与他人之间的沟通是否顺畅，往往也会对他们的人生和情感产生重要的影响。通过心理学的调查，我们可以看出，在与他人进行交流时，若有一定的困难，学生就很容易产生孤立、寂寞、被抛弃、被放弃等消极情绪，进而导致他们产生抑郁、自闭、偏激、堕落等精神问题，甚至会对学生正常的生活和学习造成了严重的影响，还对他们的身体和心理都造成了严重的伤害。

（四）身体形象产生的问题

对身体形象的满足度，指的是青少年由于家庭、学校和社会对审美的影响，从而对自身体型和外貌与现实的自我追求的水平产生差异，身体形象量表也可作为一种有效的精神疾病诊断工具。其实，有关青年在身体形象这一领域的自我认知和现实追求，都受到了其自己客观信仰的制约，而这些客观信仰的根源就是外部因素，所以，对青年的审美引导需要家庭、学校和社会一起来进行。

学生的身体形象满足感与特质有显著的不同，男生与女生以不同程度的减重方式来改善不良的身体形象。不满足于自己身体形象的男生通常分为两种类型：一种是想减肥，一种是想长高。而对于那些比一般人更胖的男生来说，随着他们的减肥，他们对自己身材的满足感也会降低。而一般体重的男生对自我形象的不满情绪较低。

相对于男生而言，女生的目的要更单一一些，那就是保持苗条。女生对自我形象的满足随着体重的增长而减少。跟男生不一样，很少有女生对自己的体型感到满足，而现在，无论是女生还是男生，都对自己的体型感到不满，所以，大家都认为，这是一个很常见的现象。

不满足于自我意象的年轻人会产生负面情绪，会采用一些过激的方式来减肥，这会使他们自己的身体受到伤害。青少年是人体生长发育的关键阶段，不正确的减肥方法，最大的负面影响就是对身体和心理的影响，尤其是对那些坚持节食的女生来说，更是如此。

二、歌唱治疗在中学生心理健康教育中的运用

（一）嗓音歌唱式音乐心理治疗方法

纽约大学的音乐疗法专家戴安·奥斯丁，建立"声乐精神疗法"，以唱歌为切入点，以重拾一个人的本真声音为目标，借此找到真正的自己，进而提升个人的身体与精神健康。

1.呼吸

深呼吸能使学员们的心跳减慢，能使他们冷静下来，使他们的神经系统得到营养。以"歌唱"为中心的"音乐疗法"，其主要目的就是利用"歌声"来对患者进行临床干预，以此来推进治疗进程。发声及歌唱所产生的积极效果，往往要从身体及精神两个层面来看，而呼吸所产生的身体效果与精神效果，也是相互促进的。

2.声乐即兴

在歌唱中，即兴的歌唱能促进人体肌肉的释放和松弛。即兴是从天然的冲动中产生出来的，在这种冲动没有被抑制时，可以用唱歌来自由地表现出来的时候，这种自发的行为就会被释放出来，在这种自发的行为之后，人们的情绪就会发泄出来，这对自己的身体也会有积极的影响。自主学习能让学生在不拘泥于形式的情况下，体会到自己的情感，在自己的语言中发现自己的存在。声乐的即兴表演属于一种创新的过程，无论是对学生还是对治疗师来说，它都是一种变化与未知性的体验。双方很自然地感受并适应这个变化。双方面向未来，去创造还没有出现的东西，双方即兴创作的声音、旋律和言语，能够激发学生对过去的感觉、记忆和联想，这对于修补学生童年的创伤也有一定的作用。

3.声乐保持

因为唱歌和呼吸是密不可分的，所以在维持和展现嗓子的过程中，可以让肺"运动起来"，从而提高肺的机能，这是一个很好的选择。声

乐维持技术是对声乐即兴技巧的一种深入发展，是一种自觉地运用两个或更多的和弦，并在治疗师的声音下进行的。声势驱动力创造了一个稳定和持续的音乐氛围，让治疗师和学员能够轻松地唱歌。此法能给由于恐惧而不愿即兴表演的学生，提供一个较为可靠和安全的心理环境。维持语音的技术也可以帮助个体与他人沟通，并可以应用于治疗性的回溯，即对潜意识的感知、记忆和联想进行加工和整合。这种潜意识体验与那些因伤口的出现而停滞并被分割开来的自我有直接的关联。当潜意识和伤口联系与沟通，那些受过轻微伤害的地方就会重新回到我们的内心。成长所造成的伤害能够被治愈，而人们也能够获得一个更为完善的自我认识。

（二）"声音功效"治疗系统

"声音功效"是德国的一位音乐教育家沃尔夫冈·马斯特纳克发明的。声效疗法是一种整体疗法，它的理论也在不断地得到发展。随着声效疗法的开发，临床观察，有效性测试，修正，从而使得该方法在临床上得以持续地优化。其治疗主要有：语音处理、语音聚焦、语音平衡、声音充能等。

1.语音处理

对某些心理损伤引起的躯体功能障碍进行语音处理，可对其产生正面的影响。语音处理的重点是要营造一种象征化的情境，让学习者可以再一次正视那些造成心理伤害的原因，从而对心理伤害产生反应。语音处理与剧场心理分析和剧场疗法中的"精神净化"原理是一致的。

2.语音聚焦

声焦点是一种将声音传递到学生体内的某些部位，起到心理和生理上的作用，能缓解学生因生理改变而引起的精神紧张。事实上，不管是肉体的疾病对精神的影响，还是精神对肉体的影响，都是一种疾病的开端。而这种病变的过程，也一定会引起学生的心身循环。

3.语音平衡

语音的平衡性疗法对学生心理上的"自然的"平衡性是有益的。个体因素、环境因素和社会因素都会对学生的生理和心理健康产生影响，从而导致学生的消极情感增多。运用"语音平衡"疗法，对学生进行身体和精神上的干预，使他们的神经得到刺激，使他们的身体和精神上发生正面的、良性的改变。

4.声音充能

声音充能是指对与抑郁症有关的倦怠等情况进行能量的补充，能够促进学生在心理上的积极、健康发展。有些人的情绪失控，有些人的情绪过度，都可以用"声音充能"来改善。

三、歌唱治疗方法对中学生综合素质的影响

唱歌可以锻炼神经通路，起到促进情绪畅通的作用。由于是靠着身体里的气息来支持，所以在唱歌的时候，气息会在身体里有一定的规律，这就是一种有节奏的身体内循环按摩。从中国就业指导中心的《关于拟发布新职业信息公示的通告》中，可以看出，呼吸科医生只是其中的一员，已经有越来越多的人关注肺部。而唱歌则是一种内在的锻炼，它可以帮助人们更好的呼吸，从而改善肺部的功能，这是其他体育活动所不能取代的。

（一）提升中学生的创新精神和实践能力

通过对歌曲的欣赏，可以对中学生进行创造性、动手能力的训练，从而使中学生形成严谨的思考逻辑。在欣赏一首歌曲的时候，不管是它的音乐风格，还是歌词的含义，都会给中学生带来一定的心理冲击。在欣赏这首歌曲的过程中，不仅能够培养学生的情操，净化学生的心灵，还能够培养学生的审美能力。在欣赏歌曲的时候，学生会完全沉浸在音乐中，感受音乐的旋律以及歌词中所包含的文化内涵，这样就能从音乐

中得到快乐，这种快乐会让学生自然地进入一种不自觉却又富有感染力的状态，这种状态可以在不经过理解和认知的情况下，直接影响学生的精神。

在中学音乐教学中，歌曲赏析这种方法已经很普遍了，但音乐教师们经常只是简单地播放音乐，有些时候，欣赏的音乐片段并不是经典，这就不能发挥出歌曲赏析的最大价值。正确的处理方法是用语言来引导学生的想象力，在欣赏之后，与学生一起分享对音乐的联想，然后根据所处年代，对学生所说的话进行细致解释，最大程度地挖掘每一首音乐作品的价值，培养学生的创造力、实践能力和逻辑思维能力。

（二）促进中学生个性与共性的协调发展

一人一曲的演唱方法，不仅可以增强中学生的自信心，让其散发出青春活力，还可以在演唱过程中，让其释放自己的情绪。青春期的中学生，道德情感表现得丰富、强烈，但同时也具有好冲动、不拘小节的特点，在此阶段，他们追求独立自主，形成了自我意识。通过独唱的表演，为中学生提供了一个展现自我的舞台，让学生得到一种合适的锻炼，让他们获得信心，获得同学的注意。同时，能够将他们在学习生活中所积累的负面情绪释放，无形中缓解自己的忧郁、紧张等负面情绪，让学生在进行深情的歌唱时，身体和精神都得到彻底的放松。

通过重复演唱，可以提高中学生的自我控制力，减少他们的冲动，促进他们之间的相互了解和交流，促进他们之间的友谊。中学生还处在一个从半成熟期到成熟期的转型期，尚不够成熟和稳定。而重复演唱是学生之间感情交流的一种重要方式，由于演唱不同类型的音乐作品，学生之间必须相互合作、积极协作，拉近了彼此的距离。在演唱音乐作品时，学生不仅可以表达自己平时不敢流露的情绪，还可以在重复演唱的过程中，达到一定的艺术效果，这能提高中学生的音乐审美能力，提高他们的团队信心和凝聚力，进而形成良性循环。

通过大合唱，可以培养中学生的个性，积极协调，互相交流，能提高学生的人际沟通水平。处于青春期的中学生由于身体和心理的急剧变化，容易产生自私、攀比、对抗等不良心理。合唱是一种以多人为主体的歌唱艺术。学生可以用这样的方式来加强自己与同学之间的合作与交流能力。由于声部的差异，一方面学生们需要培养自己的大局观；另一方面，学生们可以根据自身的条件，选择最适合自己的声部，从而发挥自己的优势，这样可在一定程度上表达自己的个性。而在每个声部都能互相配合下，把一首动人的歌唱出来，则能让学生有一种充实的成就感。唯此，学生的个性与共性得以协调发展。

独唱、重唱、合唱等歌唱治疗方式，在促进学生心理向好的转变的同时，也能分散他们的注意力，不仅能有效改善由身体形象引起的厌食症、贪食症、肥胖症等问题，还能有效地遏制网络成瘾的问题。中学生身心之间的互动，会产生"牵一发而动全身"的积极效应，促进中学生的健康成长。

四、歌唱治疗对中学生身心健康的影响

（一）生理功能——刺激中学生体内多巴胺与内啡肽的分泌

歌唱治疗能够促进体内多巴胺和内啡肽的分泌，从而改善中学生的生理功能。有调查显示，在唱歌时，就音域而言：唱低音歌，能让人情绪稳定，血压稳定；在节拍方面：演唱快速的乐曲，能让人随着节拍不自觉地摇摆，达到身心放松，心情愉悦的境界；在时间上：通过唱歌拉长音和保持声音的方式，可以让人获得情感的发泄，从而缓解心理压力；在声音方面：高声唱歌是一种更好的宣泄情感的方法，对于治疗强迫症、抑郁症等有很好的效果。

歌唱治疗可以针对中学生的具体需要设计，在治疗时，将歌唱呼吸训练中的腹式深呼吸动作和基础的发音训练有机地结合起来，可以达到吐故纳新、调气、疏通血液循环的效果。在音乐的刺激下，人们会情不

自禁地跟着音乐（例如：节拍、拍手、舞蹈等）同步移动，这种移动方式和移动趋向可通过肌肉运动来激发聆听者的具体情感体会。这一过程很可能是一条无需高层次认知的情感传递途径，由于乐曲的语义信息比较模糊，且节奏特征和运动特征比较明显，因此，以运动—肌肉反馈为基础的共情模式很有可能在其中占有主导位置。随着多巴胺分泌的增加，愉悦感增强，重复演唱，可提高演唱过程中的愉悦、快乐感受。这表明，当人在歌唱时会产生愉快的反应并非某种特殊的情感，而只是在大脑中的奖励区被激活可以让人感到幸福。在实践中应用歌唱治疗来提高中学生的心理健康水平时，通过对声乐发声技能的训练，能够发挥出用嗓子疏通经脉的效果，主要表现在：通过高声歌唱，能够宣泄自己的情感；通过腹部换气，可以训练腹肌的收缩性，从而改善背疼、胸闷等情况；在演唱低音、深沉的歌曲时，能使血压平稳；歌唱需要小腹不停地活动，还能达到瘦身的效果。

（二）心理功能——缓解中学生心理压力，释放负面情绪

同样类型的音乐对相同的与不同的消极、积极情绪均有影响，而不同类型的音乐对相同的与不同的消极、积极情绪也均有影响。

音乐对人的心理有一定的作用，不同或相同的音乐会对不同或相同的消极、积极情绪产生一定的作用，通过音乐治疗、歌唱治疗的形式，使这些消极的情绪产生积极的、向好的改变，是十分可行的，也是十分有效的。中学生在唱歌时，能舒缓紧张、消极情绪；在选材与鉴赏中，教师可以通过对音乐作品的分析，达到对音乐作品的鉴赏。中学生利用多种形式演唱，可以防止各种心理疾病，让自己始终处在一个状态良好的心理环境中，从而更容易与同学、教师形成积极的关系。

（三）社会功能——刺激中学生群体的协调与和谐

青春期的中学生精神发育还远远落后于他们的身体，这样的情况常常会让他们有一种迟钝的感觉和冲动。年轻人的思维与认知倾向于片

面、表面，往往会产生怀疑、叛逆、固执己见、走极端的倾向。有时候，他们会失去信心，感到失望。在进行歌唱治疗的过程中，中学生可以持续地倾听具有积极意义的歌曲，尤其是当师生都进入歌唱治疗的氛围中时，不仅老师会对学生有更多的了解，学生也会对各个方面的事物有更多的思考，这样就会产生一个良性循环。歌唱治疗对心理的投射作用，可以抑制学生自身的消极情绪，并能有效缓解他们在平时学习生活中所带来的身心疲劳，从而让他们以一种良好的身心状态，投入丰富紧张的学习生活中。

在以嗓子为主导工具的基础上，通过对中学生进行声乐治疗，能有效提高学生群体的正向情感。在集体歌唱中，学生的嗓音、肢体都变成了辅助乐器，其声源与震动的来源密切相关；在学生唱歌过程中，气息与歌声有着密切的联系；在音乐的共振过程中，学员的情绪、心跳、神经等因素都与其密切相关，音乐疗法的影响范围大，辐射范围广。利用歌唱治疗这一简洁、方便的音乐形式，能够让中学生始终保持积极、乐观的心态，促进群体的和谐与统一。自然的声音会加强学生彼此之间的呼吸与身体感觉的音乐意识，同时也能促进彼此之间情感的表达，通过自发的声音而得到宣泄。通过演唱治疗，能提高学生的综合素质，给社会增加更多的正面力量，让学生能够迈着欢快的脚步，在学校里学习，努力、健康地发展，为他们成为社会发展的新一代而努力。

第七章　音乐治疗在中小学心理健康教育中的应用

第一节　音乐治疗的概念

一、什么是音乐治疗

音乐治疗是利用音乐对多种病症进行针对性治疗的方法。音乐治疗能治愈的疾病并不局限于精神病、心脑血管疾病、老年性疾病、儿童疾病等，还可以在心理专业的医院进行音乐疗法。广义而言，音乐治疗可概括为所有利用音乐来增进身心保健、治愈各类病症的不同形态和程序，它是指通过有计划地运用音乐来协助个人或群体满足生理、情感、认知和社交等需求，从而达到心理、精神和交往一体化的目标。

音乐治疗可以起到生理上的治疗效果，也可以起到自我表现和人际交往的中介作用。从这个角度看，音乐和药品类似，是指通过通路传递给人的。在前者中，人类的机体会由音乐的声音、韵律、旋律和振动来刺激或吸收人体的生理节律，促进一些疾病患者的康复；音乐的节拍、旋律、歌词等的含义，可以帮助人们发泄心中的郁闷，从而达到心灵的净化，增进人们的交流。

二、音乐治疗与音乐教学的关系

音乐治疗和音乐教学是既相似也不同的两种观念。首先，两者在目的、内容、形式和作用上的存在差异。音乐疗法主要是为了帮助病人恢复精神和生理功能，音乐疗法是一种媒介和工具，它是一种特殊的治疗方式，它的作用是在音乐以外，而音乐的效果并不是很好。音乐教学是为了培养音乐知识、歌唱技巧和美学观，音乐教学是为了培养学生的音乐素养和音乐技能。在临床上，大部分的音乐治疗都是一对一的，也有一些是团队疗法。但是，大多数的音乐教学都是以群体教学为主。音乐治疗除了具备一定的音乐知识以外，还需要具备医学、心理学、康复学等方面的知识，对音乐教学的要求就更高了。

在音乐治疗和音乐教学中，二者的界线却不是十分明确，特别是在学生的音乐教学中，音乐教学与音乐治疗在活动方式、内容上都非常接近，二者都有聆听、歌唱、舞蹈、演奏乐器、吟唱等多种方式，而音乐的内涵则包括了学生的人生、精神等各个层面。音乐教学还具有启蒙、调适、引导、培育品德、增进人际交往等多种社会性作用。所以，经常将音乐教学的原理与方式引入音乐治疗中并不是什么稀罕事。

第二节　音乐治疗的原则与应用领域

一、音乐治疗的基本原则

（一）总则

音乐疗法，一是遵循一般的心理疗法原则；二是遵循音乐的基础原则。

1.幸福原理

音乐和噪音比起来是比较舒适的，比起不合理的认识矫正和重复的行为练习，音乐疗法更让人愉快，不同于伦理和理智的劝说，音乐治疗可以不依靠言语，不需要智慧和灵感，只需要聆听、参与和玩耍。根据心理学的观点，幸福原理是无意识行为的法则，它应该运用并遵从最基本的心理机理。若不遵守幸福法则，则无法适用于某些特定群体，如智障人士。

2.消其过多，补其短处

音乐治疗不仅是西方的医疗标准，而且与精神疗法和现象学的精神疗法相一致。

从量化的角度来看待精神问题，一般的精神问题和病理性的精神问题之间并无绝对的界线，仅仅体现在不同的程度或量上，所以可以把各种精神问题归纳成"有余"和"不足"两种。如躁狂、焦虑、强迫是反应过激，也可以被解读为"实证"；抑郁、自闭属于"虚证"，属于"应激过度"。对过激的精神或行动的人，应该选择节奏缓慢、音量低的传统纯正的音乐疗法，也可以称为"实则虚之"的疗法；对那些情绪和行动较弱的人，应该选用节奏快、力度大、音量大的乐谱，也可以称为"虚则实之"疗法。

3.围绕对象的音乐和音乐疗法的选定

不管音乐治疗者的主观想象力多么丰富，治疗方法多么完善，但音乐治疗的最终目的是要根据患者的智力、情商、接受程度、音乐表现能力、依从性和爱好来决定。任何一种类型的音乐疗法，都与其他的心理疗法类似，归根结底都要促使治疗对象通过自己的声音来调整自己的心理。在对学生的音乐疗法中，要逐步让学生变成自己的学习对象和行为的实际工作者，而治疗师或老师仅仅扮演着设计、安排和评价的角色。

4.顺应音乐审美与积极指导的社交原理

音乐既有优雅与低俗、正面与负面，又有热情、欢快与低落，所以，在音乐治疗中，对音乐的认识与情感，既要仔细斟酌，又要加以辨别。音乐治疗的选材方式与内容应当是：提倡与人之间的关系，对国家、大自然、生命、家人、他人、自己的感激，对自己和他人的报答，对自己的信任，对自己纯洁的爱等。曲调优美，节拍有力，能刺激人体，调节生理节律，达到促进身心健康的作用。

（二）目的论

音乐治疗和普通的音乐消遣最大的不同：它是一种针对精神问题或身体病症而进行的疗法；音乐消遣是一种纯粹出于乐趣而随心所欲的活动。所以，在进行音乐治疗之前，必须明确哪些精神问题或目标性行为是必需的，也是可以治愈的。比如，同样是分手，每个人都有各自的理由，每个人都有自己的情绪，每个人都有自己的感受，所受的痛苦也是不一样的，因此，建议采用的音乐疗法一定要抓住患者个体的精神情结，并为治疗目标而设计具体方案。又如，有些人会因为身体原因而自卑，有些人会因为自己的错误而后悔，所以他们必须要有自己的音乐。

现象论观点指出，心理学永远都在暗示着什么。音乐治疗的目的性原理包括：必须对精神问题或靶向行为进行清楚的定义，情绪低落、焦虑、悲伤、愤怒、空虚或无用，同时要确定特定的治疗目的，如确定治疗对象在特定情况下出现的恐怖征兆，并假设在一定程度上可以通过教学来缓解紧张状态。

目的性原则主要是从长期和短期两个方面表现出来。因此，音乐疗法应当有一套完整的体系，也包括多部作品的赏析和表演，而非仅凭一部作品就可以达到疗愈目的。

（三）个体化原理

个体化原理是指不同的个人，不同民族，不同性别，不同年龄，不同文化，不同的人格类型，不同性格，不同的患者，不同的音乐感受、音乐天赋、音乐喜好，这些都会产生不同的症状。音乐治疗的个体化是指根据个体的性格、认知、情感特征和音乐天赋来决定其乐谱和具体的执行方法。基本原理是从个人的强项开始，逐步进行补偿或逐步向弱项锻炼转变。比如，一些人更爱琴瑟，更爱音律，所以，音乐可以根据情况，从打击乐入手，逐步向其他的歌唱或其他技能扩展。再如，对于性格开朗、活跃的人来说，可以采用演唱的方式，而对于那些性格比较保守的人，可能会选择倾听和舒缓乐器来进行。中老年人更适合使用具有中国特色的民乐、民歌和地方戏曲，而当代年轻人更倾向于流行乐。

音乐治疗应依据受试者所处的具体情况，选用合适的音乐和表达方式。由于受试者的智力发展水平的差异，一般学生的音乐疗法乐器上一般采用小号和小提琴，或者采用钢琴、风琴、小提琴等乐器；在心理科的音乐疗法中，一般采用简单的人声歌唱和聆听音乐等较为安全、易于操作的疗法。

个体化的原理和群体疗法没有冲突。针对有人际关系缺陷、缺乏社交技能、缺乏社会适应性的学生和成年人，采用群体疗法，但仍是将相同的处理目标放在同一组内，并在此提出了个体和群体一致性的辨证结合理念。

（四）循序渐进处理

循序渐进处理具有三个方面的含义：第一，针对不同年龄段患者的音乐疗法存在差别，如青少年和中老年患者的音乐疗法在内容和方式上都有明显的差别。总的来说，针对未成年人的音乐疗法应当选用与此年龄段相适应的校园歌曲、童谣、古诗等题材。音乐题材多涉及自然风光、亲情、感恩、团结友爱、童趣、人文教育等；未成年人不宜唱情歌和伤感悲怆的歌。年轻人可以选择励志、梦想、友谊、抒发情感、歌颂家乡和国家的歌。中老年群体可以选唱岁月怀旧、情感抒怀等题材的歌，但中年和老人都不适合演唱过于悲伤的歌。第二，即便是相同的治疗者，由于时间和空间状况或季节的差异，所选用的音乐疗法也要做出相应的改变。在"四季调神"思想的基础上，中医学的音乐疗法主张：

春季采用木音调，夏季采用火声调，秋季采用金音宫调，冬季采用水音羽。第三，要逐步进行音乐疗法，确保所设计的疗法单元的构成序列和情景的多样性。在情感理论中，各种情感的强度都有很大的差别，如很快乐和一点快乐，因此，不管是悲伤还是喜悦，都要按照由弱变强的顺序来进行。其中，后一类是针对某一病症，应该从不同的情景来表现相同的主题。

（五）密切联系生活

音乐教学和医疗不是脱离生活的一部分，如果使用得好、创意独特，生活中的许多器具、生活场景和家庭活动都可以作为音乐治疗的材料和时机，从而可以摆脱音乐疗法的局限和枯燥。举例来说，我们可以使用各种生活用品，如锅、盆、盒、纸、水瓶、各种球类等作为运动的工具，而有节奏地走路、跑、跳、点头、挥手、踢腿、点头、摇头、拍手、踩脚等都可以作为音乐和言语的韵律训练。洗手、刷牙、拖地等可以作为音乐表达的形式，根据学生的日常学习情况，配合体操、课堂行为规范、学校行为规范等进行编排。对一些特别的学生而言，其内容既反映了他们的生命，又反映了他们的成长过程。一种切实可行的做法是，按照学生的智力发育程度，为其所熟知的歌填入相应的生活内容。

二、音乐治疗的应用领域

（一）特殊教育

特殊教育是专门为残疾学生设计的课程，以达到特定的教育目的。特殊教育旨在促进其知识、技能、人格，发展自身潜力，使其充分发挥其对社会和生活的适应性。

1.智障学生的声乐疗法

利用音乐来培养智障幼儿的听力、记忆力，以提高他们的智能及适应能力，有助于解决他们不能专注和非持续性问题。以"被动聆听法""主动参与法""即兴法""暗示放松法"来进行个案分析，发现"音乐治疗"对患有孤独症的学生来说可以延长专注量、增加注意广度、增强目光交流、增加语言表达能力、降低刻板行为、激发正面情感。在整个治疗期间没有出现副作用。音乐疗法可以在一定程度上提高智力障碍患儿的记忆、思维和理解、逻辑与判断力，改善其言语发展缓慢、想象力不足、行动缓慢、缺乏自信、缺少交际技巧的问题。

2.音乐治疗对听力损害的影响

音乐治疗者可以利用各种不同的工具来改善听力受损学生对声音的感知能力。例如，让学生在接触钢琴或其他低音乐器时，可以直接感觉到声波的震动，从而分辨出声音的起始与终止；训练学生区分声响的频率和身体各部分的听觉，如用头部的空隙感知高音，胸部感知中音，腹部、腿部和足部感受低音；利用音乐的振动来感受节律，结果发现，失聪的学生在听鼓声中的感觉和学习力比一般学生要好。这也许是因为失聪的学生发展出了一种特殊的触觉感知功能。此外，音乐治疗者还可以利用乐曲的节律和音高的改变所产生的各种触感，来协助失聪的学生掌握音乐的韵律及音高的改变，从而使他们学会正确的讲话方式。此外，音乐治疗者也可以通过集体的音乐如合唱来提升失聪的学生的社会技能。

3.音乐治疗对视力损害的影响

音乐治疗有助于改善视力残疾的学生的社会技巧和人际关系，而音乐则是一种可以让学生感受到感情，是一种能够降低学生由于视力不好而造成的负面情绪的原因，能帮助培养学生的方向和动作技能。

4.音乐治疗在孤独症患儿中的应用

孤独症学生尽管存在着言语交流困难，但大都具有良好的音乐感知力，音乐则会给孤独症学生带来快乐的经验；学生可以借由歌曲来帮助儿童学会言语，增加他们的词汇量，并能把握他们的韵律与声度，并借由不同的音乐动作来刺激学生其他古怪的动作，提高学生自我控制的次数。

5.音乐疗法在小儿多动症中的应用

音乐为多动症学生的自由发挥和宣泄负面情感起到了作用；帮助学生保持专注，降低非自觉行为次数，增强学生的自信。

6.唐氏综合征的音乐疗法

唐氏综合征是一种因染色体缺陷所引起的一种先天性病症，除了与一般学生有着显著的外形差异外，大部分学生都存在着不同的言语缺陷。结果显示：唐氏综合征患儿在音乐和节律上的感觉上更好，表达欲更强烈，情绪敏感而多疑。通过对学生进行音乐疗法，可以促进学生对细微动作的察觉、对身体的协调、对自我的信心和与人交际的能力等方面的改善。

（二）辅佐治疗

音乐治疗在外科手术、哮喘、视力损伤、外形损伤、疼痛等方面也有很大的临床价值。疼痛是一种常见的临床表现，通过口服镇痛剂或是局部神经阻断式的封闭注射来缓解痛苦。然而，这种方式不但有显著的不良反应，还会因为服用过量的药品，造成对药物的依赖。听歌能减轻病人的痛苦。由于一些音乐能够促进大脑产生更多的内啡肽，这种物质能够缓解疼痛。另外，音乐可以分散病人的注意力，减少他们的肌肉张力，帮助他们减少痛苦的感觉。在外科治疗之前，让患者聆听音乐可以缓解患者的紧张情绪，减少他们的麻醉品用量。体感音乐可以引起节律性的震动。此外，音乐也有助于提高早产儿的体重，可以促进肠管的正常的收缩，并且有节拍的音乐可创造出一种放松的氛围，从而在吃饭时帮助咀嚼、消化和吸收。通过对非洲鼓、民族鼓、铃铛等的应用，可以转移学生对肢体痛的关注，提高学生的交流能力，消除他们的心理阴影；利用身体感觉振荡的方法对改善脑性麻痹患儿的恢复具有重要意义；同时，对学生顽固的呼吸道疾患也具有一定的治疗作用。

（三）社区音乐疗法

社区作为一个城市的文化与生命的基础单位，它既是一个精神病患者的回归，又是一个为矫正工作者提供心理健康服务的场所。音乐是一项易于推广的活动，非常适合于社会大众。社区音乐疗法是对居住在社区内的病人和居民进行的一项心理社会干预。从广义上讲，也包含了由社区群众自发举办的各类音乐节。现如今，我国很多大都市的街坊邻居都能见到很多组织起来的集体表演，如唱歌、广场舞、民间乐器等，这种大众喜爱的歌舞节目，对缓解中老年人的孤独、无聊等心理问题有着非常现实的意义。

第三节　音乐治疗的基本程序与选择

一、音乐治疗的基本程序

（一）临床诊断与音乐治疗评估阶段

1.对个人的精神问题进行评价

采用临床谈话、心理测量、观察等方法，对患者的基本情况、心理问题的病史、成长史、家庭情况、以前的医疗状况等进行全面调查；对精神问题的成因、性质和严重程度进行分析和评价；对被医治的精神病患者做出的判断。特别是在有特殊学校的学生时，还要对其进行自我表达，肢体动作，行为反应，认知发展，理解和沟通。

2.对患者进行音乐疗法的适用性评价

狭义的音乐疗法评价包含：对患者以往所受的音乐教学的时间、对其基本的音乐认知、听觉感知、听觉注意力、听觉记忆力、听觉理解力等方面的评价；音乐感受性、音乐天赋、音乐活动注意力或乐趣、音乐喜好和个人偏好，如经典或现代、民族或外国音乐、主题和旋律类型、音乐表现方式等；对乐器的认识或喜好，知道他们对音乐人和作品的熟悉程度和数目；对患者进行音乐疗法的设备、时间安排、居住环境等进行评价。

评价音乐技能的特定指标是：①检测对音乐的敏感和响应。②检测对各种音高的响应力。③检测对乐曲的快慢与力量的响应。④对身体节奏模拟和动作响应的评价。

（二）制订治疗计划阶段

1.确立短期和长期的医疗目的

音乐疗法的目的应符合可行、具体、心理学性质、评价、分级等方面的需求制订具体的治疗计划，该计划可分为短期和长期两种。短期的目的是改善某些症状，调节情绪，改善体能，恢复生理功能，增强说话和交流的技能。长期的目的可能会对某些认知、意志、情感和行为方式产生作用，改善生命品质，发展潜能，改善健康状况。

根据行为主义心理理论，通过个体的表现来进行行为的剖析，其目的就是要解决问题。比如，对多动症患者，治疗目的是通过音乐来取代患者过分的表现和各种不确定的行为；对患有孤独症的孩子，也许会采用提高他们打电话给朋友的频率的方式；等等。

2.就处理方法和时间进行磋商

一般成人的音乐疗法应根据受试者的音乐知识、喜好、精神科医师的水平等因素来决定。对于有特殊孩子的音乐疗法，在接受家长的知情同意后，才能进行治疗。通常是一个星期进行一到两次的治疗，其余时间可以让患者自己在家里锻炼。

3.选定适当的音乐疗法

诺道夫罗宾斯的音乐疗法用于各种残疾的孩子，如孤独症，在有肢体功能恢复时，可应用达尔克罗兹律动音乐疗法；针对问题青年，可以通过柯达伊的合奏来进行音乐教学和心理疏导；针对智力水平较低的孩子，可以通过奥尔夫的即席教学来提高他们的想象力和创造力；如有必要诱导或进行情感和肌肉的舒缓，可以使用影像疗法。对喜欢唱歌的人可以选择唱歌，而对喜欢听的人可以使用MP3或专门用于精神疗法的光盘。前者一般都是现场指导，而后者则是非指导的。

（三）采取措施阶段

根据个别病例的具体情形，音乐疗法的具体执行方法也不尽相同。在制定了音乐疗法之后，还必须对特定的场所和所需的声学设施进行进一步的规划。以下通过成人在音乐治疗所的案例，介绍音乐疗法的主要方法和要点。

第一步，引导患者安静地坐在或躺在一张特殊的沙发上，然后开始讲解即将演奏的歌曲，并说明需要注意的事情，让病人放松下来，不需要全神贯注，即使一时心不在焉，也不用感到不安。若是一直心不在焉，就要结束治疗。

第二步，传授放松姿势、腹部呼吸、放松肌肉的技巧，让病人学会放松后感悟肢体的沉重感和温暖感。有两个步骤供受试者进行：一是让受试者在听完音乐后，持续进行腹部深呼吸及肌肉松弛，体会身体的舒展；二是让受试者在听完音乐后，先进行肌肉的松弛，然后感受乐曲的曲调和乐感。

第三步，催眠暗示的导入。按照治疗目的和计划，精神科医生可以通过检测受试者的暗示力，判断受试者的潜在危险程度，如果是适合受试者，可以继续给受试者发送治疗性的信号，如果是失眠症的病人，可以用这样的方式表达："我的眼皮很重、很重，眼皮不能张开，我好困、好困，我的思想变得迟钝，我的大脑一片空白，我要睡觉了。"

第四步，叫醒。视病情和治疗的需求而定，失眠症的病人可以在10～30分钟内进行睡眠唤醒。向病人低声说："我从5开始倒计时，直到1，你的双眼会立刻张大，你感觉浑身轻松，精力旺盛。"

第五步，扩大和强化的作用。让病人回到家中，根据在诊疗室里所学的方法进行重复练习，一天至少要进行一至两次，并且要有纪录，着重于记录放松经历，收获和需要改善的问题。

二、音乐治疗方式的选择

在临床上，要根据患者的具体情况，选用相应的音乐疗法。

（一）心理疗法

接受性的音乐疗法是一种心理疗法，即通过对患者进行心理干预，达到改变其认知、调节情绪、减轻心理痛苦、诱发某些心理作用的一种疗法。在这种疗法中，病人会相对地处在一种消极的状态，然后受到了来自音乐的刺激。从心理理论出发，音乐疗法可分为以下五种。

1.心理分析型音乐疗法

心理分析型音乐疗法指按照病人的特定条件和治疗目的，在患者倾听音乐时，诱导其下意识地表现出来。潜意识具有非理性、冲动性、无道德、反社会性、非时间性、不可知性和非语言性，而像音乐这样的艺术形态恰恰是潜意识显现和投射的窗户，所以倾听与其相关的心理问题最容易引起双方潜意识的共振，有利于潜意识的表面化。非言语的音乐表达，也是最适宜表达被压制的自我的力量。该疗法特别适用于儿童时期的心理创伤，或情绪压抑和性压抑的患者。

2.形式心理学中的音乐疗法

形式心理学中的音乐疗法指按照治疗目的，以倾听的形式促进患者认知、情感和行为的变化。形式心理学提倡以"直接经验"代替"意识"，把心理学定义为一种对直接体验进行研究的学科。在形式心理学看来，心理现象是一个完整的形式，它不能被人为地划分成一个个独立的形式，所以形式心理学提倡理解顿悟的学习和重组的感知情境这两者之间的联系，或是对过去的生命体验进行一次突如其来的提升。格式疗法是一种对人的正面的、积极的心态，提倡用显而易见的外在行动和"此时此刻"的方式进行精神疗法。在这种环境中，个人更有可能得到一些顿悟和直接体验。特别是在处理亲子关系、夫妻关系、自我意识、角色扮演、情感等方面。比如，理查德·克莱德曼弹奏了一首钢琴曲《给母亲的一封信》，而一位精神科医生用一种充满感情的文字，对远方的母亲进行了一次模仿，这让许多在外面工作的成年人对母亲的怀念之情油然而生。

3.心智导向的音乐疗法

心智导向的音乐疗法目的在于通过倾听音乐来指导人们的想象力，使他们的思想达到一种正面的、幻想的情景，从而达到放松、催眠和脱敏等目的。例如，在音乐催眠疗法中，病人通常采用舒缓的坐姿或仰卧的体位，由治疗者在台上表演或以一首类似于钢琴的乐声来帮助病人神经松弛和平静，而医师则会在同一时间内释放一种暗示，以达到特定的精神疗法目的。

4.感觉音乐疗法

感觉音乐疗法一般借助某种仪器，把声音转换成某种物理震动，传递到身体的各个部分，从而达到推拿、刺激四肢血液流通等功能。

5.视觉音乐疗法

视觉音乐疗法是将音乐、动画、灯光、计算机等技术结合起来，通过视觉、听觉、运动等多种感觉刺激方式，对特定的儿童及其他治疗目标实施音乐疗法，以促使他们的身心发生变化。该疗法可以有效地减轻患有孤独症、多动症和唐氏综合征等特定孩子的情感和行为问题，并能促使他们的症状朝着积极的方向发展。

（二）抒情音乐疗法

1.达尔克罗兹节律疗法

达尔克罗兹音乐教育思想的内容包括：身体律动、视唱练听、现场演奏，三者形成互相依托、互相补充的有机统一。

身体律动是指受试者用自己的身体器官做为一种工具，用它来重现自己听过的音乐。例如，口腔、鼻腔、面部的上额窦像是一种鼓形的装置，只要合起嘴巴，用掌心的力量敲击面颊，就能演奏一首轻快的音乐。肢体韵律与跳舞不同，它的目的在于感受速度的快慢、力度和音程的改变，而不需要特殊的舞步。身体节奏的运动可分成两种：一种是原地运动，另一种是太空运动。原地的姿势有拍手、挥手、摇摆、弯腰、摇头、踢腿等；太空动作有走、跑、爬、跳、滑、蹲下、站等。人体的每条腿都像是管弦乐中各类乐器的声音，它的韵律必须与音乐的节拍、旋律、和声、复调、曲式等相结合。身体节奏的训练通常分为四个阶段：预备阶段、起奏阶段、延续阶段和恢复阶段。

视唱练听就是在观察、模拟、唱歌等过程中，对听觉进行锻炼，把肢体节奏与言语表现相融合，从而达到提高个体音乐表现力的目的。自然的大调，利用节拍的改变，将音阶变为一种单纯的旋律，并在上升时逐渐增强，下降时逐渐减弱。

现场演奏就是要通过肢体的律动，表达对音乐韵律的领悟与回应，从而创作出一种能够直接抒发情感的乐曲。音乐的精髓在于节奏，以听觉为主，提倡病人随着音乐有节奏的摆动，借由身体的韵律，将内心的情感转化成乐章的行为，并将其情感转化成具体的动作、节奏和声音，从而达到身心的协调。现场演奏还把乐曲当作一种娱乐，以变化的方式使欣赏者始终保持着一种全新的体验。

达尔克罗兹的音乐疗法既适用于有智力障碍的儿童，也适用于某些特殊的人群。

2.奥尔夫的音乐教学法

奥尔夫的即兴音乐教学或者说是一种自我娱乐的音乐，在这种情况下，人们把它看作一种既能用嘴巴唱歌，又能用耳朵聆听的方式，它更像一种既能唱歌又能跳舞的综合性的艺术。它所表现出的即兴、综合性、参与性、自然性、民族性和通俗性，被视为最贴近人性、最真实的形态。奥尔夫提倡学生或个别的人用一些简易的工具，或用手、脚、筷子、报纸代替其他工具，用他们的音乐节拍和运动表达他们的情感、冲动、创意和想象力，使每个孩子或游客都能像画家那样自发地创造。

奥尔夫音乐教学对学生的情绪智力发展具有重要作用，经常采用学生喜爱的儿歌、拍手、游戏、讲故事、唱歌等方式，以提高学生的节律、听觉等乐感，体会到其乐趣。通过对学生的视觉、听觉、触、唱等丰富的感官刺激，可以有效地激发学生参加各种音乐和交际的积极性，从而使幼儿的眼睛、耳朵、四肢的协调性得到改善。这是一种情绪的释放，奥尔夫的音乐教学理念和疗法并非一成不变的规范，相反，它提倡一种因材施教的方式，以地域性和大众化为特征进行教授。

奥尔夫音乐教学法特别适用于普通的幼儿和特困儿童以及青少年的培训。

3.诺道夫·罗宾斯音乐疗法

诺道夫·罗宾斯音乐疗法是建立在人类心理学基础上，它相信，每一个人都有一种内在的满足需要，这种需要就像是一种本能一样。诺道夫·罗宾斯的心理疗法无不反映出人性的自我满足。在此基础上，病人无须预先进行专业的培训，所用的工具也无需经过特别的技术培训。创新的音乐疗法，既能让病人获得快乐，又能激发病人的自主创造。现场即席演奏的乐曲创造出一种十分放松和自在的氛围，在这样的氛围中，来宾们可以用自己的乐器和歌曲进行现场的即兴演奏，也可以在现场与别人即席演奏，这些都是一种自觉性的表现。诺道夫·罗宾斯音乐疗法特别适用于患有孤独症、多动症、下丘脑综合征、癫痫、精神疾病、智力低下等病症的人群。

（三）音乐舞蹈和心理戏剧的治疗

舞蹈是一种以肢体动作为主要内容，配合音乐进行的具有节奏感的舞蹈。舞蹈是最直观、最简单的一种音乐形式。舞蹈起源于远古时期，具有许多社交作用，如求爱、庆祝、社交、礼仪等。在音乐疗法方面，通过肢体语言来传达和发泄感情，帮助人们提升人际关系，诉说自己的经历。

心理剧是通过音乐、游戏等活动热身，进而在演出中体验自己的思想、情绪、梦境及人际关系，伴随剧情的发展，在安全的氛围中探索、释放、察觉和分享内在自我，是一种可以使患者的感情得以发泄，从而达到治疗效果的戏剧。以"我"为中心的疗法，通过强烈的冲突和身体运动来展现自己的个性、认知自我情绪。在音乐舞蹈和心理剧疗法中，音乐扮演着一个重要角色，老师和心理医生仅仅扮演着一个指导角色。

音乐舞蹈和心理剧的音乐疗法必须依据病人的个人特点和目的而决定。本疗法适用于家庭问题、人际关系与沟通、心理创伤及自我认识等心理问题。

第四节 音乐治疗的案例与艺术作品

一、案例

以美育人，让学生学会感恩

广东省韶关市曲江初级中学　邓剑云

（一）案例描述

一节感恩父母的主题班会课上，我提了个问题："同学们，我们每天都在爸爸妈妈的关爱中长大，请问你们知道有哪些歌曲是表达对父母感恩的吗？有唱给自己的父母听过吗？"没想到同学们听到我的话，刚开始是一脸惊讶，然后交头接耳、窃窃私语着，让我非常失望的是：全班居然没有一个学生能自信回答出歌名，更别说献唱了。这时，我说："你们看，爸爸妈妈每天工作那么忙，还要给你们洗衣服，做营养丰富的食物，你生病了还要风雨无阻地带你看病，无微不至地在旁边照顾你，爸爸在外面挣钱养家，顶着各种压力，多不容易啊！他们多爱你们呀，你们听过《父亲》和《母亲》这两首歌曲吗？"没想到有个女学生漠然地说："歌曲《父亲》听过，但《母亲》就没有听过。那算什么呀？谁家爸爸妈妈不是那样呢？他们做的都是应该的，照顾我们是他们的责任，等我以后长大了，做了爸爸妈妈肯定也会像他们这样的。"学生这样的回答，令我震惊。

课后，我找了说这番话的学生。这是我们班的刘某女生，单亲家庭的孩子，性格倔强，她认为没有妈妈的关爱都是爸爸造成的，对爸爸怀恨在心。虽然平时爸爸对她疼爱有加，总是把最好的给她，从不让她受委屈，但是她却从来不愿意和爸爸沟通，也根本不会体谅爸爸的良苦用心，更别说感恩爸爸了，很多时候还和爸爸对着干，学习不上心，成绩差，爸爸有时教育一下还离家出走。

（二）诊断与分析

现在的学生大多是独生子女，他们大多是在父母亲百般呵护、悉心照料下无忧无虑地成长，他们接受了太多的爱，渐渐把这一切视为理所当然，他们习惯了索取，习惯了说一不二，即使父母再苦再累，也必须满足他们的要求，而他们却从不懂得为父母做些什么，分担些什么，稍有些不如意，便大发脾气，甚至以死相逼，这并不是个别现象，我们这些为人师者不得不开始思考，今天的学生怎么了？我们的教育条件日新月异，我们的物质生活日益丰富，为什么我们的学生却越来越不懂事？面对一点点挫折，就轻易放弃。

其实原因很多，但有两个字却不得不提——"感恩"，现在有一些学生没有一颗感恩的心，面对他人的帮助，甚至连一声谢谢也不会说，这不能不说是社会文明的一种悲哀。作为教育工作者，我们有必要提醒他们，引导他们，继而唤起那已被一层层习惯与事故压在灵魂最深处的善良本性与感恩之心。

"感恩"，其实就是让学生学会懂得尊重他人。当学生感谢他人的善行时，第一反应常常是今后自己也应该这样做，这就给学生一种行为上的暗示，让他们从小知道爱别人、帮助别人。而如今的学生面对亲人的爱护，朋友的关心，老师的关怀，陌生人的帮助，仿佛和自己没有丝毫的关联，或者认为这些本来就是应该赋予他的，一切都是顺理成章的。在很多学生的情感世界里，"感恩"已经成为一个盲区。而造成这种现象的原因有以下两点。

1.缺乏感恩意识，学生不会感恩

要使学生拥有一颗感恩的心，就要让学生有感恩的意识。让他们感受周围的人是如何对世界、对他人感恩的。耳濡目染之后，将影响他们自身形成这一品质。有些家长经常在不经意间表达、宣泄了对生活、对社会及对他人太多的不满和埋怨，以至于学生对人与人之间关爱缺乏了解，更别说是感恩了。

2.家庭的教育方法不到位

在家庭教育方面，很多父母缺乏对感恩教育的正确理解，父母总是一厢情愿地付出，造成学生认为自己任何的索取都是理所当然的。家长没有思考在付出的过程中是否让孩子理解到了父母的良苦用心。个别家庭简单粗暴的教育方式，只要学生做错了，就开始诉说自己的辛苦，表面上是希望通过这种方法强化父母付出的多，其实恰恰相反，这给学生造成了心理负担，它暗示了"我付出给你，你要偿还"，这样学生就算回报也不是出于真心的，学生会以"形式对形式"来感恩。久而久之"感恩"在学生头脑中就不存在，只是一种任务。

（三）策略和效果

1.利用主题教育活动，以音乐为媒介，激发学生的感恩意识

开展感恩教育的主题班队会活动，以音乐为媒介，组织学生歌唱感恩系列歌曲，用艺术的表达着力培养学生感恩意识，初中学生的感恩教育不要好高骛远，要从教育学生主动助人为乐、对老师有礼貌、尊重老师、关心理解父母、为父母分忧等不起眼的实在小事做起，着力培养学生的感恩意识，以感恩作业提高学生的道德素质，为加强学生的思想教育，把德育具体化，围绕生活中一件一件感动人心的小事，布置感恩作业：如"今天你最感激谁?""今天你是否惹人生气了?"等。通过这种感恩反省作业，提高学生的道德素质。感恩教育，引导学生体验亲情，为引导学生学会感谢父母的恩情之处，发现父母的关爱，更要体谅父母的难处，对父母要少抱怨，多理解。人虽然无法选择自己的父母，但人可以掌握自己的命运，通过学到的知识和技能改变生活。

要使学生学会感恩，树立感恩意识是前提，要让学生认识到他们所获得的一切并非天经地义、理所当然的。因此，对父母的感激之情是不可缺少的一步，这是最原始、最本能的情感，并以此形成感恩意识，教会学生感恩。

2.家庭音乐会，激发情感

定期举办家庭音乐会是非常有必要的，著名教育家魏书生对音乐在班级管理中的作用有很好的描述：他说："唱歌既能使大脑得到短时间的休息，又使人陶醉在美好的歌词中和悠扬的旋律里，使身轻松，使心愉悦，使人更热爱生活，更热爱学习，也使人大脑两半球更容易沟通。"音乐是当今进行爱和平、爱人民、爱祖国、爱生活、爱家人等无形教育的一种独特的、不可替代的形式。

举办家庭音乐会，通过艺术的形式，引导家长改变观念，塑造家长艺术教育观念，使他们掌握与学生进行交流沟通必要的技巧和方法，使家长感受子女的价值与成就，以此激发家长对学生的重视，引导家长给予孩子更多的关怀。

要让学生学会"感恩"，其实就是让他们学会懂得尊重他人。音乐的渲染起到不可替代的作用，作为老师和父母必须善于用音乐影响孩子。当学生接受了别人的帮助时，教师和家长要示范学生对别人表达感激之情。当学生受到这种影响，感谢他人的善行时，第一反应常常是今后自己也应该这样做，这就给学生一种行为上的暗示，要在平日的一言一行中给学生贯穿感恩的思想，要知道有时一个歉意的表示，一个抱歉的微笑，一句温柔的话语，即使一个不经意的举动，都会让别人感受到爱，久而久之，学生会在这样的氛围下自觉地表达自己的爱与关心。

3.让学生在音乐实践活动中学会感恩

平时举行音乐实践活动中，我在有意无意中把感恩的音乐思想观念贯穿在每一件小事上。要让学生学会感恩，作为教育者要积极引导教育学生将感恩意识化为行动，从小事做起，将感恩之行落实在日常行为之中。

通过坚持不懈的教育引导，以及家长的大力配合，许多家长欣喜地告诉我，孩子越来越喜欢音乐了，在音乐的感染中，特别是在家庭音乐会的影响下，知道体谅父母了，如帮父母亲沏茶、洗脚、捶背、剪指甲等。自己能做的事自己做好，甚至能为父母做一些力所能及的事情。在平常学习生活中，班里同学之间变得更加友爱了，当别人遇到困难，也会慷慨解囊，得到帮助的同学也能诚心地说"谢谢"。教育是一个长期的过程，在今后的教育教学中我会继续对学生进行音乐感恩教育，让感恩之树常青常绿。

4.家校共育，让音乐在心灵间绽放光彩

现在的通讯很发达，电话、短信、微信、QQ、校讯通等联系方式，这些都可以很好的被利用起来，作为学校与家长沟通的平台，可以分享一些励志、阳光、有朝气、正能量的歌曲，如在制作活动美篇时，选择符合主题的音乐嵌入，用音乐渲染活动主题思想和意义，让家长、学生、社会更深入地认识音乐的教育功能，并灵活、合理、科学地运用音乐功能进行家庭教育、学校教育和社会教育。在学习和操作过程中，努力做到耐心解答家长心中的每一个疑惑，鼓励表扬肯定每一个学生，给家长信心，给学生信心，也是给教师信心。真正做到家校合力，让音乐在心灵间绽放光彩。

5.利用音乐进行心理辅导，让学生学会感恩

从教二十多年来，因为我一直喜欢音乐，作为一个英语老师，我经

常给我的学生唱英文歌，我给学生的第一印象是非常亲切、阳光、活泼，所以与学生相处很融洽，学生有什么事也及时主动找我说，这样的方式及时打开了教师与学生交流的大门。在音乐活动中，让我们心与心的距离更近了，同时也让学生感受到来自教师的爱。一个受学生欢迎的班主任是扮演不出来的，如果你有学问，你可以尽情地在学生面前表露。如果你有才气，你可以全力在学生面前发挥。你有学识、有奉献精神，你在学生心中是最美的、最有魅力的。"德厚望才重，学高方为师"。作为班主任的我，时常提醒自己要注重艺术的熏陶，音乐治疗不需要吃药打针，对学生的身心健康有着非常重要的治疗和辅助作用，以美育人，以德育人，用美育教育学生，落实立德树人根本任务。

感恩之心是一种美好的感情，没有一颗感恩的心，孩子永远不能真正懂得孝敬父母、理解帮助他人，更不会主动地帮助别人。初中阶段是人生受教育的关键阶段，一些行为习惯的养成影响着学生的一生。开展音乐活动，用美育落实感恩教育就是在学生内心中激发出要我学好到我要学好内生动力，真正促进学生的主体性发展，塑造青少年完善的人格，促进他们身心健康和谐发展。

音润心灵，助推成长

广东省韶关市曲江初级中学　邓剑云

学校教育不可以再局限于学校之内、课堂之内，必须寻求社会各方面的支持与配合。在此教育理念的引领下，我对于家校联动、合作共育，促进学生心理健康工作极为重视。

（一）个案基本情况

韶关市某中学2021届毕业学生小B，男，15岁。

（二）问题行为概述

上课玩手机被学校领导发现，并收缴其手机。经常迟到、旷课。懒散、无视校规和班规。成绩差，无心向学。

（三）个案背景资料

小B是一个留守学生，家住曲江区一个边远山村。从他2岁开始，父母就在东莞打工，一年就回家一两次，小B由年迈的爷爷奶奶监管。小B的父母只生育了他这一个儿子，在农村来说，特别受老人溺爱，小B的爷爷奶奶对小B百依百顺，父母因长期不在小B身边，感觉非常亏欠小B，所以，总是用"无限满足"的态度对待小B。十多年如一日的家庭教育方式，使小B从小就备受宠爱，养成性格霸道，毫不讲理，自由散漫，目中无人，极度厌学，迷恋手机游戏等缺点。上课经常无精打采、有睡觉现象，顶撞老师，不交作业，是班上问题最多的学生之一，但，他爱唱歌。

（四）分析与辅导

面对小B的种种心理表现，我做出了及时的分析和干预。通过家访和学情调查，我认为形成他这样的个性特点主要原因是其家庭教育方式的不当，为此，我用了以下三个策略。

1.改变家长的教育理念

家长是孩子的第一任老师，家庭是孩子的第一所学校，家庭教育就如一台复印机，家长是原件，孩子是复印件。原件是怎么样，复印件就会是怎么样。所以，改变孩子，首先从改变家长开始。因为小B属于留守学生，要对家长进行家庭教育必须要分两个方面。

（1）家访。

给小B的爷爷奶奶以面对面交流的方式进行授课，用最通俗易懂的语言、案例让小B的爷爷奶奶认识到小B身上问题的严重性，意识到溺爱的危害性。引导爷爷奶奶用恰当、合理的教育方法对待小B。比如：在家里，适当安排小B做力所能及的家务，要培养小B的家庭责任感；懂得适当地示弱，培养小B的孝道行为；对小B要实施有要求的管理；等等。

（2）培养音乐特长。

鼓励小B参加班级音乐活动，激发他对音乐的兴趣，培养他的音乐特长。小B喜欢唱歌，我就教小B唱励志歌曲，如《飞得更好》《怒放的生命》，还教小B唱英文歌曲，激发他对音乐的热爱，培养他学习的热情。

2.个案辅导

针对小B的情况，我结合他的家庭背景、家长观念意识的转变，对小B采取综合心理辅导方法。

（1）音乐治疗法。

对学生进行教育，首先需要掌握学生心理发展的过程，并针对学生的心理发展特点，采取适当的教学方式和方法，从而使教学实践达到预期的目的。

通过引导小B参加多种形式的音乐活动，我很快发现，小B非常有音乐天赋，于是，我与搭班班主任刘老师合力，改变小B，从培养小B音乐特长下手。刘老师是专业音乐老师，有刘老师的合力，我们在改变小B的路上就走得更顺利了。我们利用班会、阳光英语社团举行唱歌活动，每周选定一首英文歌，既能激发孩子对我所教的英语学科的学习兴趣，又能激发学生对音乐的热情。很快，小B变得积极、阳光、自信，并且主动参与集体活动。我把小B每次参加音乐活动和班集体活动的表现拍成视频，分享给他在外地打工的父母，他的父母看一次，感动一次。小B的父母深刻认识到家庭教育的重要性和教育手段的正确方法。改变以前的"无条件满足"与"不与孩子交流""惯孩子"的陈旧观念以及做法。比如，父母即便不在身边，也可以借助现代发达的通信方式，每天与孩子视频一次，关心孩子的学习、生活、身体等；节假日通过打电话、视频、信息的方式进行亲子问候、交流，增进家庭节日的仪式感、存在感；不管多忙碌，都要参加班主任组织的现场家长会或视频家长会；每天要关注家长微信群了解孩子的学习动态等。

（2）赏识辅导法。

小 B 身上虽然有很多缺点，但，只要他有一点点进步，我就用放大镜的方式进行表扬。每次找他辅导，我都抓住他的闪光点进行表扬！比如有一次，我为了改变他害怕接触老师的心理，就特意鼓励他到教师办公室打扫卫生，他很乐意地接任务，当他在打扫时，我暗示每个教师都要隆重表扬他。当他听到教师表扬的声音，脸上露出自豪的笑容，同时把地板扫得非常干净。后来，我在对他进行个案辅导时，他自信地笑着说："我以前特别怕见到老师，自从上次帮老师打扫办公室后，才觉得每位老师其实都很喜欢我，我现在没有那么怕老师了。我希望以后可以有更多的机会去帮老师和同学干活。"像这样的鼓励给小 B 很大动力。他不但在班上开始热心帮助同学和教师做事，回到家，也经常为村里的老人摘菜、提水，班上的同学和教师以及村里的人对小 B 助人为乐的表现竖起大拇指。

（3）人生规划辅导法。

小 B 沉迷手机游戏，主要是家庭给予的自由空间太大、监管不到位、监管方法不合理等因素造成。面对小 B 这个不良习惯，我鼓励他往体育方面发展，他是体校生，乒乓球打得非常好。但没有目标，有一天过一天，有比赛就听老师的安排去参加，参加完后就算了，缺乏对人生的目标和规划。我针对他的特长，鼓励好好练习乒乓球。中考以乒乓球特长生报考韶关市田家炳中学，这所高中是我市唯一一所招收乒乓球特长生的高中。自从我给他定了目标，小 B 对学习的态度有了很大的改变。教师办公室可以看得到他请教老师问题的身影，上课也不再睡觉，特别是上数学课时，还经常主动举手发言。有一次数学公开课还踊跃举手上去在黑板上做题，并且做得全对。我还鼓励他进了学校乒乓球社团，在社团课上，他练习非常刻苦。在 2019 年 11 月的韶关市中小学

"英东杯"乒乓球比赛中，小B荣获全市第一名的好成绩。为此，我在班上、家长会和亲子会议上大张旗鼓地表扬他。就在获得这个荣誉之后，小B在我的鼓励下，彻底丢掉了游戏，主动把手机交给我保管。这是他现在成绩进步明显的主要原因。

（4）艾利斯ABC情绪理论辅导法。

美国心理学家艾利斯创建了情绪ABC理论。A是激发的事件，B是对事件的认知和评价而产生的信念，C是引发情绪和行为的后果。我在对小B进行个案辅导时，着重对情绪做了重点辅导，小B因为十多年以来都在家人的溺爱中长大，所以，他思想中产生了很多不合理的想法，导致他有很多不合理的情绪和行为。比如，不交作业，教师要他补交，他就认为教师对他有偏见，不喜欢他，他会感到愤怒和自卑；他上课睡觉，教师不准他睡，他认为教师就是在折磨他，导致他怀恨教师等。我经过利用艾利斯ABC理论给他的心理进行耐心的疏导，让他懂得了改变观点和想法非常重要，同样一件事情，不同的观点和想法就会带来不同的情绪和行为；凡事应该从多方面思考，不要钻牛角尖，不要走进死胡同。在给小B辅导后，小B渐渐地懂得改变一些不合理的想法，懂得用合理的宣泄方式来解决自己的不良情绪，这样他的心理变得越来越阳光。

3. 综合辅导

当小B的心理、思想、行为发生很大的转变时，我采取了综合辅导法来帮助他。

（1）与科任老师协商好，给小B学习创造机会。课内外，我们老师尝试着把更多的表现机会给小B，慢慢地，小B上课不睡觉了，课堂上经常能看到他高举自信的手。课余时间，我会找他聊天、补课，推荐他看一些有益的课外书，让他内心变得强大，看到光明的前方。

（2）发挥班干部的作用，让小B感受集体的温暖。我暗中安排班干部跟他一起下棋、打乒乓球、打篮球……他也感受到与同学交往带来的欢愉与温馨。周末，我有时会邀上几个班干部去他家，辅导他，把他好的表现告诉他家人，与他父母视频聊天时当面夸他的进步，让他有存在感和成就感。

（3）借助家委会力量，让小 B 体验更多不一样的爱。遇上节假日，我会与家委会成员到他家慰问，送去温暖。只要开展亲子活动，必然把小 B 带上，让他感受教师、叔叔、阿姨给予的爱。

（五）辅导效果

小 B 主动把手机交给我代管。性格变得阳光、自信。喜欢唱歌，主动、积极参加音乐活动。学习变得主动、积极、认真。社交能力有了明显改善。不迟到，不旷课，不早退，学习有了很大的进步。积极参加音乐社团训练，刻苦练习专业知识与技能，定下目标，立志以后做一名优秀的音乐教师。初中毕业，小 B 以音乐特长生考入曲江中学。

（六）启示与反思

音乐教育的过程中，最基本的性质是审美性，是以审美为核心的育人过程。美学教育一直是我们党和国家教育方针中的一个重要方向，而音乐教育在其中发挥了不可替代的作用。对初中学生心理障碍的转化教育不是短暂的，它是一个长期、反复的教育过程。没有爱就没有教育。二十几年的教育生涯，让我深深体会到：作为班主任、家长的我们应该家校联动，用心去了解学生，关心学生，温暖学生，逐渐融化学生心底的坚冰，消除学生心灵的障碍，才能共建学生阳光心理，使其健康地走向美好的明天！

给你阳光，让你灿烂

广东省韶关市曲江初级中学　邓剑云

（一）个案的基本情况

韶关市某中学 2021 届九年级学生小 A，男，15 岁。

（二）问题行为概述

经常玩手机。经常逃课，逃学，打架。不听老师教育、不尊重老师、顶撞老师。学习成绩下降。有自残行为。

（三）个案背景资料

①独生子。②幼年丧父，由母亲独自抚养。③因丧父的后事问题，他的母亲与夫家关系不好。④其母是某单位的清洁工，今年48岁，文化程度小学三年级，月收入两千元。家庭收入微薄。⑤母子两人居住在一间老平房里。

（四）分析与辅导

家庭教育是教育的重要组成部分。缺乏家庭教育的孩子，往往存在心理上的问题，特别是单亲家庭的孩子，因为缺乏父母某一方的关爱，往往会有纪律松散、学习困难等问题；还存在自卑、自闭或自责心理，从而导致他们在行为表现上的沉默寡言、性格内向、敏感、自我否定、人际交往障碍、遇事容易出现过激行为等。

小A是我上一届的学生。有一天，巡堂领导发现小A上课玩手机，并收缴了他的手机。校领导通知我到校协助教育小A，并且马上通知家长到校，小A同学不愿意请家长。面对这种情况，我决定采用积极心理治疗理论与方法去帮助小A。

积极心理治疗的基本概念是：每个人均具有两种基本能力，即认识的基本能力和爱的能力。由于对现实的认识而派生出守时、有序、整洁、礼貌、诚实、节俭等。由于对爱而派生出耐心、时间、交往、信心、希望、信仰、怀疑、确定、团结等。

所以，要让每个学生了解自己有认识的能力和爱的能力，充分挖掘自己的潜能。积极心理治疗一般有以下几个步骤。

1.观察——保持距离阶段

在这个阶段，我主要运用聆听法给予小A充分的尊重与关注。我首先了解小A不配合教育的原因。我约他到心理健康教育中心面谈，坐在他斜对面，轻轻拍了拍他的肩膀，用亲切的语气与他聊天，从他玩手机游戏的类型聊到精力的分配，从打篮球聊到踢足球，从人际交往聊到兄弟姐妹，从兄弟姐妹聊到家庭情况。慢慢地，我知道了小A的家庭情况。他幼年丧父，母亲独自养大他，因丧父的后事问题，他的母亲与夫家关系不好，小A在家相对乖巧，但母亲因工作忙的缘故对他缺乏管教，而且他对自我要求不高，也不愿别人提及他的家庭，在班里的朋友也不多。

从小A对自己的情况叙述中，我明白了他对生活的感受，明白了他的情绪，也明白了他的无奈。小小年纪就失去了父亲的关爱，学校学业不好，又没有朋友，这都让他感到压力很大，没有什么存在感。

2.调查阶段

经过与小A沟通，我联系了他的母亲到校协助教育，并辅以开导、提醒、教育，希望他母亲能给孩子做个好榜样，在生活和学习上对小A多加关注，然后告诉小A：当我们感到烦恼不安、压力沉重、生活紧张而没有意思的时候，可以通过其他方式调解，给自己积极的心理暗示。结合小A家庭的实际情况，我对小A提出了要求：①因小A存在与其母亲沟通的必要性，准许带手机到校，但不能在校内使用，放学后离开学校才能使用；②小A到校后，手机交由班主任保管，放学后领回；③要求小A写一份遵守课堂纪律的承诺书。他也保证能够做到。

3.处境鼓励阶段

人本主义理论告诉我们：人有被尊重、被认可、被爱、被欣赏的要求。积极的心理治疗要求我们不仅要看到紊乱的、不平衡的一面，更要考虑到人们所具有的潜能。

针对小A的症状，我没有采用传统方法去教育他，而是通过他的叙述，发现他的潜能，于是在与他聊天的过程中，我将发现的潜能反馈给他：①你很尊重老师，对老师很友好。②你很孝顺，在家里很乖巧，帮助妈妈分担。③你语言能力很好，思维敏捷，很有逻辑性。④你情感丰富，有想象力。⑤你个子很高，长得很帅，爱打篮球，且球技不错。⑥你很聪明，思维敏捷。

小 A 没有想到我一下子列出他这么多优点，他过去一直受到的是批评，很少有人认可他、尊重他、欣赏他，他很感动，他也开始慢慢挖掘自己的闪光点。

对于小 A 这样的单亲家庭孩子，我对他进行了后续的跟踪教育，具体方法如下：①经常与小 A 聊天，了解其思想动态，进行价值引领。小 A 缺乏父爱，我充分利用作为男班主任的性别优势，利用课余时间跟他聊天，多跟他聊些男孩子的话题，了解其思想动态，灌输一些自强自立的思想，引导他多从男性的角度看待同学关系、师生关系及处事方式，对他取得的成绩及时给予肯定，适当表达对小 A 的期望，帮助他树立正确的价值取向。②强化规则意识和制度要求。我用鼓励的方式，要求他做到上课遵守课堂纪律，不纵容自己，逐渐做到严格自律。同时，我还让他当班里的"学雷锋活动标兵"，他也积极主动承担班级的好人好事管理工作，主动帮助同学打扫教室、擦洗教室的风扇和窗玻璃、清洗文化宣传栏等，在班级学生中获得好评。通过这些事情，也进一步强化他对自身的要求，小 A 也变得开朗和成熟。③经常与家长联系，形成教育共识。我每隔一段时间就与小 A 的母亲通电话，了解小 A 在家的学习和生活情况，教给他妈妈一些教育的策略和方法，利用心理学的知识慢慢引导小 A，培养小 A 保持开朗的心态、健全的人格。④与科任教师和学生同伴沟通，形成教育合力。我将小 A 同学的情况告知科任教师，要求科任教师多关心小 A 在校的表现和学习情况，与科任教师形成共识，以学校各阶段考试为时间点共同制定针对小 A 的教育策略和方法，并逐步推进实施。我还与小 A 在班里的朋友沟通，要求他们在严格要求自己的同时，用友情的力量帮助小 A，共同进步。⑤积极参加社会志愿服务，感受人性的温暖。学校开展社会志愿服务活动，我总是安排小 A 参加，如打扫校园周边卫生，探望孤寡老人、参观敬老院并修剪树枝、参加创文志愿系列活动等。通过参加这类带有正能量的活动，让小Ａ感受人性的温暖，学会懂得感恩母亲、感恩学校、感恩社会。⑥积极参加竞技运动，追求自我价值。因小Ａ经常打篮球，具有身高优势，我鼓励他参加学校篮球队的训练，使兴趣爱好和追求自我价值相统一。经过一年的刻苦训练，他所在的学校篮球队代表学校参加区了篮球队比赛并获得了亚军。就这样，小Ａ逐渐成为一个有追求、有责任心的男子汉。

（五）辅导效果

①该生不再逃课，不再打架，在校不再玩手机，按时完成作业，成绩较以前有了很大进步。②在班上主动与同学交流，有了自己的好朋友。③人变得开朗大方，没有自残现象。④在家主动与母亲沟通，母子关系得到明显改善。⑤以优异的成绩考上曲江一中。

（六）启示与反思

①教育实践要积极构建一个适宜的环境。②教育学生不能带有偏见。③给予学生积极关注，充分挖掘其潜能。④教育要培养学生的体验能力。⑤教师平常不仅要关注学生的学习成绩，也要关注学生的心理健康。

音乐治疗考试焦虑症的个案分析

广东省韶关市曲江初级中学　刘欢

（一）背景资料

1.人口学资料

李某，男，15岁，九年级学生，独生子，170厘米左右，体态正常，无严重疾病。经详细询问，其父母无人格障碍和神经症性障碍，家族无精神疾病史。

2.个人成长史

出生在韶关一个工人家庭，足月顺产，发育正常。家里经济条件不错，父亲从商，母亲在家料理家务。从小学到初中，学习成绩相对优秀。近期多次模拟考试，成绩有所下滑。到了第二学期，离中考越来越近，开始出现焦虑情绪，于是他想努力地学习，希望自己的成绩有所进步，回到年级前列。李某性格较为内向，具有一定的完美主义倾向，同时渴望成功，不善于人际交往。第一次模拟考试的失利，让他心情低落，很焦虑。

3.目前精神状态

精神紧张，情绪低落，注意力不集中。但意识清醒，感知觉正常，思维连贯，意志行为基本一致，自知力完整，人格相对完整。自己主动前来咨询，但流露出焦虑情绪。

4.生理与身体状态

睡眠不好，偶有心跳加速情况出现，手心会出汗，容易疲劳。自述无重大疾病史，到医院进行体检结果正常，无器质性病变。

5.心理发展状况

生活及人际交往总体正常，但学习上不能集中注意力听讲，面对考试害怕，有逃避心理，想到中考会紧张。

6.辅导前心理测验结果

征得李某同意，为其做了焦虑自评量表与抑郁自评量表测试。其中焦虑自评量表（SAS）标准分为59分，表示有轻度焦虑；抑郁自评量表（SDS）标准分为57分，表示有轻度抑郁倾向。

（二）主诉和个人陈述

1.主诉

第一次模拟考试失利后出现焦虑、紧张情绪，心情低落，睡眠不好。

2.个人陈述

离中考越来越近了，各种模拟考试也接踵而来。自己的成绩总是上不去，已经比之前要努力多了，但是考试成绩还是不理想。时间每天在倒计时，我越来越不想失败。

父母常对我说：只要好好努力就行，不要给自己太大的压力。但是我深深感觉到他们的期待，他们也会花钱给我找各种补习途径，希望我能提高学习成绩。虽然我的成绩有所下降，但是老师还是给我很多的帮助与指导。看着自己的成绩，想到父母、老师的期盼，我就有很大的心理压力。我开始出现注意力不集中的情况，上课不能专心听讲。午睡及晚上睡觉时，会感觉心跳清晰明显，偶尔剧烈时似乎会跳出来一样，所以也会担心自己的身体情况，开始入睡困难。所以在第一次模拟考试前就焦虑，同时考试期间也会手心出汗。面对一些题目，会想不起知识点。我试着深呼吸，调整自己的紧张情绪，但是效果不明显。考试期间很紧张，所以第一次模拟考试失利了。

看着不满意的成绩，我真的感觉很伤心难过。觉得自己很没用，不太敢面对老师与父母，害怕同学的嘲笑。老师讲解试题，自己根本就听不下去，人呆呆地坐在课室里，感觉没有灵魂似的。晚上回到宿舍，关灯睡觉，想起成绩会有想哭的冲动，感觉很压抑，没有了学习的动力。第二天起来，提不起精神，回到课室坐在座位上，老师的课也听不进去，心情一直很难受。想到还有不久就中考，突然就很焦虑。时间紧迫，学习学不进，想想不能考上理想的大学，人生似乎就没有什么希望。于是我希望尽快摆脱一模的不良影响，能在仅有的时间里，好好学习，努力提高自己的成绩，调整自己的考试状态。所以前来寻求辅导，希望辅导师能尽快帮助解决这个问题。

（三）观察和他人反映

1.辅导师观察

李某穿着整洁的校服，体形中等偏瘦，说话条理清晰，理解能力较强，但精神状态不是很好，看上去有点疲惫的样子。同时能较明显感觉到焦虑情绪，双手有时会不自主搓揉，有时会低下头不说话。有良好自知力，主动前来求助。

2.他人反映

李某的老师反映，最近他上课注意力不能很好集中，回答问题也不积极，找其聊天，李某表达了自己对学习的担心，考试前会焦虑，不过没有旷课早退现象。同学们反映他上课神情有点恍惚，容易分心，晚修做作业效率低，考试成绩不是很理想，看起来有点焦虑的样子。

（四）评估与诊断

1.评估

（1）生理检查。

经医生检查诊断，无器质性疾病，系统检查未发现异常。

（2）精神状况。

紧张，焦虑，接触、交谈合作。意识清醒，智力正常，没有幻觉、妄想。自知力完整，有明确的求助要求。

（3）社会功能状况。

生活和社会交往基本正常，学习受到一定影响，学习效率明显下降。

（4）引发心理问题的关键点。

由认知偏差引起的考试焦虑情绪。

（5）原因分析。

①生理原因。近期体检报告未有异常表现，出现心率加快、失眠等，没有明显的生物学原因。②家庭原因。家庭经济条件比较优越，家中独子，父母对其宠爱有加，也把很高的期望寄托在李某身上。从小学到初中，总体没有受到很大的挫折，考试失利对其有一定消极影响，存在负面情绪。第一次模拟考试失利，自信心更加受挫，情绪低落。③心理原因。存在明显的认知错误："模拟考试失败，认为自己很没有用，对不起父母、老师的期待。""考不上重点大学，自己的人生就没有多大

希望，没有前途。"对于模拟考试的失败，缺乏有效解决的行为模式，感知的社会支持力量不足，所以被焦虑情绪困扰。李某相对内向、敏感，追求完美。

综上所述，李某心理正常但不健康，属于心理辅导范围。

2.诊断与依据

（1）诊断。

一般心理问题（中考前考试焦虑情绪）。

（2）诊断依据。

症状学标准：李某表现出焦虑、紧张、注意力不集中、食欲下降、入睡困难等症状，学习效率明显下降，但思维符合逻辑，人格相对稳定，有自知力，没有泛化。

严重程度标准：①原因：中考一直被赋予很重要的意义，中考的成功意味着可以进入高中开启新的学习生涯，对个人的发展及未来就业等有着重要影响，所以模拟考试失利，让李某自信心受挫，导致考试前焦虑，故有明显的现实原因。②反应强度：李某刚开始焦虑情绪比较严重，情绪也低落，但是还在理智控制范围内，持续时间不是很长。③是否泛化：李某的反应只与最初事件有关，局限在考试引起的焦虑，没有泛化。

病程标准：一个多月。

排除标准：李某的心理问题持续时间不长，反应局限于最初事件，并没有严重影响其社会功能，内心冲突并未变形，因此可以排除神经症性心理问题和神经症。另外，根据新的神经症评分标准，李某的得分小于或等于3分，不是神经症。

3.鉴别诊断

（1）与精神病相鉴别。

根据病与非病的三原则，精神病的特点是患者的知情意不统一，没有自知力，一般也不主动就医，常常表现出幻觉、妄想、逻辑思维紊乱及行为异常等。而李某的知情意协调一致，个性相对稳定，有自知力，主动求治，无幻觉、妄想等精神病的症状，因此可以排除精神病。

（2）与严重心理问题相鉴别。

严重心理问题的反应强烈，内容已泛化，对社会功能造成严重影响，病程大于两个月。而李某的心理问题并不严重，内容没有泛化，没有对社会功能造成明显影响，持续时间一月有余，因此可以排除严重心理问题。

（3）与神经症及神经症性心理问题相鉴别。

神经症及神经症性心理问题引起的心理冲突与现实处境没有什么关系，涉及生活中不太重要的事情，且不带有明显的道德色彩。而李某虽然存在焦虑、紧张等症状，但持续时间短，未严重影响社会功能和逻辑思维，且李某的心理冲突并未变形，考试失利对于即将面临中考的学生来说是一种很强烈的现实刺激，与神经症性的心理冲突的变形不同。另外，依据精神病学专家许又新教授对神经症的定义，得分小于或等于3分，不是神经症。因此可以排除神经症及神经症性心理问题。

（4）与抑郁性神经症相鉴别。

李某虽也存在抑郁情绪，有情绪低落、兴趣下降、失眠等现象，但皆因现实刺激引起，且病程时间短，程度不严重。无自杀念头或者行为倾向，社会功能未受严重影响，且逻辑思维正常。因此可以排除抑郁性神经症。

（5）与焦虑性神经症相鉴别。

焦虑性神经症在临床上主要表现为"以广泛性焦虑症或发作性惊恐状态为主要临床表现的神经症"，是一种内心紧张不安，预感到似乎将要发生不利情况而难于应付的不愉快情绪，对社会功能造成严重的影响，心理冲突变形，持续时间长，大于3个月或半年。而李某虽然也以焦虑为主要症状，但其心理冲突未变形，没有泛化和回避，未严重影响社会功能和逻辑思维，而且持续时间只有1个多月，因此可以排除焦虑性神经症。

（五）辅导目标

根据以上的评估与诊断，与李某进行协商，确定如下辅导目标：

1.近期目标

帮助李某缓解焦虑情绪，克服对考试的焦虑；协助李某修正其认知偏差，树立正确的考试观念；确定合理目标，掌握一定的学习方法与应试技能，提高学习成绩，增强自信。

2.长远目标

增强李某解决现实性焦虑事件的能力，激发潜能，促进其心理的成长，对生活中的事件能采用合理的认知去认识，遇到类似事件时，自己有能力解决，提高其挫折承受能力，促进其心理健康发展，建立健全人格。

（六）辅导方案

1.辅导方法与原理

主要运用合理情绪疗法，帮助李某摒弃不合理考试观念，引导其树立正确积极的考试观念，在现实中学会合理思考，实现自我成长。

合理情绪疗法（简称 RET）是美国著名心理学家艾利斯于 20 世纪 50 年代首创，属于认知治疗的一种，该理论认为人们的情绪障碍是由于人们的不合理信念造成的。使人难过痛苦的不是事件本身，而是对事情的不正确的解释和评价，事情本身无所谓好坏，但当人们赋予它自己的欲望和评价时，便可能产生各种无谓的烦恼和困惑。ABC 理论是合理情绪疗法的核心理论，其主要观点是，情绪或不良行为并非外部诱发事件本身所引起的，而是由于个体对这些事件的评价和解释造成的。A 代表诱发事件；B 代表个体对这一事件的看法、解释及评价，即信念；C 代表继这一事件之后，个体的情绪反应和行为结果。ABC 理论指出，诱发性事件 A 只是引起情绪和行为反应的间接原因，而人们对诱发事件所持的信念、看法、解释，即 B 才是引起人的情绪和行为反应的更直接的原因。导致情绪困扰的不合理信念有三个主要特征，即绝对化的要求、过分概括化和糟糕至极。辅导师协助李某驳斥不合理信念，从而改变和控制其情绪、行为，最终达到治疗效果。

2.双方责任、权利与义务

李某的责任：①向辅导师提供与心理问题有关的真实资料；②积极主动地与辅导师一起探索解决问题的方法；③完成双方商定的作业。

李某的权利：①有权了解辅导师的受训背景和执业资格；②有权了解辅导的具体方法、过程和原理；③有权选择或更换合适的辅导师；④有权提出转介或中止辅导；⑤对辅导方案的内容有知情权、协商权和选择权。

李某的义务：①遵守辅导机构的相关规定；②遵守和执行商定好的辅导方案各方面的内容；③尊重辅导师，遵守预约时间，如有特殊情况提前告知辅导师。

辅导师的责任：①遵守职业道德，遵守国家有关的法律法规；②帮助李某解决心理问题；③严格遵守保密原则，并说明保密例外。

辅导师的权利：①有权了解与李某心理问题有关的个人资料；②本着对李某负责的态度，有权提出转介或中止辅导。

辅导师的义务：①向李某介绍自己的受训背景，出示营业执照和执业资格等相关证件；②遵守辅导机构的有关规定；③遵守和执行商定好的辅导方案各方面的内容；④尊重李某，遵守预约时间，如有特殊情况提前告知李某。

3.时间与费用

①与李某协商初定每周一次，每次50分钟，共辅导5次。②辅导费用：免费（学校的心理辅导室面向全体师生免费开放）。

（七）辅导过程

1.辅导阶段划分

本例辅导过程分三个阶段，第一阶段是心理诊断阶段（第一次辅导），包括建立辅导关系，收集资料，进行心理诊断，确定辅导目标，制订实施方案；第二阶段是辅导阶段（第二至第四次辅导），首先帮助李某分析和解决问题，引导其与自身不合理的信念辩论，逐步纠正其错误认知，建立新的认知模式；第三阶段是巩固与结束阶段（第五次辅导），与李某一起运用和巩固新的认知模式，并掌握必要的学习方法与放松训练，实现有效辅导。

2.具体辅导过程

（1）心理诊断阶段：第一次辅导。

辅导任务：建立辅导关系，收集相关资料，通过心理测验等对李某的状态进行初步分析和诊断，确立辅导目标，制订实施方案。

辅导方法：摄入性会谈法、心理测验法、音乐疗法。

辅导过程：①辅导师向李某做自我介绍，介绍辅导的有关事项与规则；②通过理解、尊重、共情和无条件的积极关注等技术，与李某建立良好的辅导关系，用开放性问题收集详细资料；③电脑播放轻音乐，并出示音乐单（《小夜曲》《天鹅》《威尔斯船歌》《埃维拉马丁安》《圆舞曲》《乡村骑士》《培尔·金特之晨景》《慢柔板》《献给爱丽丝》《小步舞曲》），由李某选择自己更加喜欢的轻音乐；④介绍焦虑自评量表与抑郁自评量表，让李某完成测试，并对结果做出解释。⑤用提问、倾听、情感反应让李某能尽情地倾诉，宣泄紧张、压抑的情绪，使其心情有所放松。⑥协商初步确立辅导目标。

家庭作业：①在家利用手机、电脑、平板、MP3播放器等电子设备继续听辅导过程中选择的轻音乐；②在网上自主寻找自己喜欢的音乐，并做分享；③记录下自己的上课状态、睡眠情况；④尝试把自己产生考试焦虑情绪的原因记录下来。

辅导小结：辅导师与李某建立了良好的辅导关系，了解了李某的基本情况，并初步协商了辅导目标。

（2）辅导阶段：第二次辅导。

辅导任务：①进一步加深辅导关系；②辅导师向李某介绍合理情绪

疗法、音乐疗法的原理及操作过程。③让李某对照合理情绪疗法分析自身产生考试焦虑的原因，从而逐步领悟自己情绪产生与自身不合理信念的关系。

辅导方法：会谈法、合理情绪疗法、音乐疗法。

辅导过程：①分享自主寻找的释压轻音乐；②伴随着释压轻音乐与李某一起找出产生考试焦虑的原因，并对原因进行自省，审查自己的不合理观念，并介绍合理情绪疗法的ABC理论。

家庭作业：①让李某回去填写RET自助表；②对自身的不合理信念进行辩论与质疑，从而为树立积极合理信念打下基础。③尝试伴随释压轻音乐做作业、练习，尤其在考试前夕睡前播放。

辅导小结：李某能较好地意识到产生考试焦虑的原因，并对自身存在不合理信念有所觉察，有修正自己的不合理信念的意愿。

（3）辅导阶段：第三次辅导。

辅导任务：引导李某与其不合理信念进行辩论，建立新的合理的考试观念，缓解焦虑情绪。

辅导方法：会谈法、合理情绪疗法（与不合理信念辩论、RET自助表）、音乐疗法。

辅导过程：①与李某一起填写RET自助表，与不合理信念辩论；②分享释压轻音乐的效果。

家庭作业：让李某回去深入反思，觉察自己可能存在的不合理信念，并进行自我辩论，进一步运用理论让自己的不合理信念逐步被新的合理信念代替。

辅导小结：李某对合理情绪疗法相对比较认同，掌握得也不错，能掌握理论核心，对音乐疗法比较适应，有一定的效果，与自己的不合理信念辩论。

（4）辅导阶段：第四次辅导。

辅导任务：协助李某对其一些不合理的信念进行驳斥，促进其科学合理信念的形成，让其能逐步消除由不合理信念带来的考试焦虑的情绪。

辅导方法：会谈法、合理情绪疗法、音乐疗法。

辅导过程：结合自己的求学、求职经历及一些音乐家创作的例子，帮助李某正确对待父母、老师的期待，能正确看待自己在同学中的定位以及考试对人一生的影响。李某自身领悟能力较强，能很好利运用音乐疗法，逐步建立起科学合理的考试观。

家庭作业：要求李某收集一些自我放松的小方法，并且针对一模进行认真反思与总结，归纳自己平时的学习方法，也请教身边的一些同学有何好的学习方法。

辅导小结：李某与自身不合理信念辩论的能力进一步提高，能较好认识中考的意义，考试焦虑情绪基本消除。

（5）巩固与结束阶段：第五次辅导。

辅导任务：帮助李某掌握一定的放松方法，改善其学习方法，提高学习效率。

辅导方法：会谈法、放松训练。

辅导过程：①让李某尝试进行肌肉放松训练与想象放松训练。辅导师指导李某进行肌肉渐进性放松训练：选择一个舒服的姿势靠在沙发上，先从手臂开始，引导李某把手臂弯曲，感受肌肉紧张的感觉，停顿一定时间，然后再放松，体验肌肉放松的舒适感。多次练习，掌握要领后，让他做头部、躯干、双腿等的放松，逐步达到全身放松的效果。共练习4次。同时，播放一段想象放松训练的指导语，让李某根据指导语操作，通过想象达到放松的效果。（将录音给李某，晚上入睡前可以听着放松，实现更好的睡眠。也可以进一步学习此方法，日常出现焦虑等情绪时采用）②与李某共同探讨九年级复习方法，教会其一些提高学习效率的可操作性的方法，并希望其能坚持做。

家庭作业：每天坚持做15到20分钟的放松训练，并把学习方法运用学习中去，以提高学习效率，同时记录自己一周学习的情绪体验。

辅导小结：李某学会了基本的放松方法，掌握了一些提升学习效率的方法，对考试有了新的期待。

（八）辅导效果评估

1.李某的自我评估

李某表示，通过心理辅导，自己能较好改善考试焦虑情绪，对待考试能比较镇定。重新认识了一模考试的失利，学会用新的认知模式去看待事物，自己也变得更加理性、客观，心情也变得愉悦了。

2.辅导师的评估

李某的自我领悟能力相对比较强，对于理论的应用相对到位，在整个辅导过程中也是非常配合。随着辅导的开展，李某的考试焦虑情绪逐步得到缓解，同时学习效率有所提高，能理性对待中考，基本实现辅导目标。

3.李某老师及同学的评价

据班主任及部分科任老师评价，李某的学习情况有很大改善，学习成绩也提升了很多。上课注意力集中了，平时的小测试都能较好完成。同学也表示，李某精神状态好了，学习积极性与主动性也提高了。

4.社会功能情况

李某在生活与社会交往中都表现良好，会主动与老师交谈，与同学关系和谐。学习上能专心听讲，学习效率得到提升。

5.心理测试结果

在辅导结束后，征得李某的同意，再次给李某做了焦虑自评与抑郁自评量表测试。李某焦虑自评量表标准分为43分，没有焦虑表现；抑郁自评量表标准分为41分，没有抑郁倾向。

艺术润泽心灵

广东省韶关市曲江初级中学 刘欢

（一）个案简介

小C，女，13岁。小C是2018级的学生，小学时是个非常听话的孩子，但上初中后，因交友不慎，有了旷课、迟到、早退的行为。家长管教她不但不听，还把家长视为仇人。她在校园外的行为更让人不可思议，放学后经常去网吧，家长也常常在网吧把她逮回家，回到家里就是一顿毒打。打了再犯，犯了再打！一直恶性循环着。家长说这孩子废掉了，没救了。但我决心，一定要挽救这个孩子。

（二）分析

这是一个典型的有行为问题的学生，学校老师、领导都对她很头痛。面对这样的一个学生，我从家庭教育和心理个案辅导两方面出发提供帮助。

（三）处理方法

1.家庭访谈

家访是家校联动最有效的途径和方法，对于孩子的教育问题，家庭和学校缺一不可。针对小C的问题，我首先进行家庭访谈，与家长交谈孩子的家庭、成长、学习背景等。

背景：在访谈中，了解到小C母亲性格温顺，父亲脾气暴躁，一言不合就骂人，小C做错事就打，家庭氛围非常紧张，夫妻感情也不好。因为家庭的关系，小C渐渐地不喜欢回家，喜欢和小混混一起在外面泡网吧，玩飙车，无心向学，迟到、旷课成了她的家常便饭，老师拿她没办法，屡教不改。

策略：首先，我要求家长改变家庭教育的策略，改善家庭不和的根本，父亲要收敛脾气，不能动不动就骂人、动手打人，让父亲深刻地认识到家庭暴力的危害性！在教育父亲的同时，正确引导小C的三观。让小C认识到，未成年人不能驾驶摩托车，更不能飙车，要珍爱生命。

2.个案辅导

（1）生命教育辅导。

约小C做个案心理辅导，针对生命教育，引导小C珍惜生命。如：

播放一些因飙车发生交通事故的视频和图片、介绍案例，结合小C参与飙车的行为，让小C懂得相关法律知识。

（2）情绪合理宣泄辅导。

美国心理学专家艾利斯的情绪ABC理论明确指出：面对不能改变的A事件，我们唯一能改变的就是B想法，只有改变不合理的想法，才能扭转C行为。如小C厌学、沉迷游戏的行为，就是因为她认为这样是报复父母，特别是父亲每次从网吧里拽她回来就是一阵毒打时，她不但不哭、不反抗，脑海里还会蹦出一个可怕的信念："要么就打死我！打不死我，我就要继续玩，气死你！"当我得知小C这一想法时，我耐心地用艾利斯情绪理论结合她的案例疏导她，引导她选择合理的宣泄方式，改变报复父亲的心理，让她意识到这样的报复是两败俱伤的。让小C站在父亲的角度，理性地分析父亲的行为，理解父亲的出发点是为了拯救她。

父亲的行为是不合理的情绪宣泄，无法控制自己暴躁的情绪，导致对女儿大打出手。要改变小C的报复心理，必须同时改变父亲的家暴行为，为此，我分别对父女俩做了情绪合理宣泄辅导。

（3）兴趣培养辅导。

经过了解，小C从小喜欢跳舞，于是，我鼓励她进我的舞蹈社团。她开始很抗拒，说："我真的不想进舞蹈队，因为我进去，无疑就是一个被嘲笑、被鄙视的对象。再说，我也坚持不下来，我需要自由自在地生活，练舞很辛苦！我根本没想过初中毕业后还要继续读书，所以真的不想学什么。"说完，她转身就走了。我第一次鼓励小C进舞蹈社团就这样不欢而散。但我没有放弃，继续约小C，不过，这次我选择了邀请她到舞蹈室参观我上舞蹈课。课间，我给小C和队员们讲我学舞蹈的成长故事，鼓励她像其他队员一样，进入舞蹈社团。我用赞赏的语气对她说："你天生就是跳舞的料，你的大长腿就是为舞蹈而生，你一定能在舞台上找到自信和骄傲的自己！"我还满怀期待地对她说："从跳舞开始改变自己！从舞蹈开始让别人重新认识自己！我绝对相信你能做得很好！我更相信你能坚持到最后……"没等我说完，舞蹈室就响起了热烈的掌声，这掌声充满励志和希望！小C很感动，她说："好，我一定大胆尝试改变自己，融入集体，融入正常人的学习生活！"我第一次看到了小C的眼泪，那一刹那，我知道，她其实是个很懂事的孩子！

（4）赏识教育辅导。

小C虽然答应留在舞蹈社团学习，但三天打鱼两天晒网，想来就来，不想来就不来。作为班主任，我耐心地找她辅导，但几次下来，却达不到预期的效果，我曾一度想放弃她，认为难以改变她，但班主任的使命感总在这个时候把我拉回来！我想找一种既能够让她出众，又能让她在出众中找到自信的治疗方案。刚好市里有个"心理健康情景剧"的比赛，于是，我根据小C的故事创作了一个音乐情景剧，并且做出了一个大胆的决定，那就是找小C进行本色出演！排练的第一天，小C很感兴趣，因为可以表现自己。可第二天，小C就不来了。我去课室找她，她正趴在桌子上睡觉。我和她到心理辅导室谈话，没想到她板着一张脸，瞪大眼睛对我说："我不演了！不好玩！"我微笑着对她说："你长着一张小明星的脸，一副小歌星的歌喉，一双舞蹈家的长腿，你不演主角，谁能演啊？"那一刹那，她的眼神中流露出无法掩饰的激动和兴奋，不断点头答应回来继续排练。我明白了她爱美丽、有个性的背后，是她希望能被看见、被认同、被欣赏。

在接下来的辅导中，我常用鼓励、赞赏的态度去放大小C的闪光点，只要她有了一点进步，我就大力表扬！很快，我发现，这种方法很有效。社会心理学认为，有了行动才会有改变。三个星期过后，我看到小C变得阳光、自信、正气、进取、团结。

有一次，我给小C单独排练，其中有一个跪地的动作，她反复练习，膝盖一次又一次跪得"咚咚"响，我心疼地叫她做假动作就可以了，她对我说了一番让我很震惊的话，她说："老师，我从来没有这么认真过！从小到大，我都是被人嘲笑的那一个！因为我家里穷，他们嘲笑我是穷鬼！因为我长得黑，他们嘲笑我是丑小鸭！我自卑到甚至想要去死！我现在天天化妆，就是为了不再受到嘲笑和歧视！但即便是这样，我还是得不到赞扬！就您最信任我，天天鼓励我、关心我、不放弃我！所以，这次我拼了命也要把它练好，绝对不让您失望！"没等她说完，泪水已经浸透了我的双眼，我紧紧地抱着她说："孩子，我终于懂你了！"她听到我这句话后，突然"哇"的一声趴在我肩膀上大哭起来，似乎哭出了从小到大被嘲笑的委屈和此时被老师的理解和肯定！就在那一刻，我目睹了一个孩子的转变并收获了教育成功的喜悦！

（四）家庭教育与心理辅导的成效

经过3个多月不间断的家庭教育和个案心理辅导，小C和她的家庭发生了奇迹般的变化，父亲停止了家暴行为，不再随时随地使用不合理的方法发泄情绪，没有再打过小C，夫妻也基本不大吵大闹，父母对小C的学习和生活也重视起来，经常与我沟通小C的变化。只要小C表现良好，父母和老师就给予表扬和肯定，增强小C的存在感、自豪感和荣誉感。而小C不再迟到、旷课，与社会上的不良青年也断绝了来往，拒绝飙车行为，不再化妆，每天穿校服上学，成绩也有明显进步。

（五）启示与反思

优化家校沟通是新时期班主任和心理教师工作的重点之一。但因家长来自各行各业，育儿经验、教育观念、家庭背景、生活背景、思维方式等各不相同，所以如何引领组织他们，形成家校合力，助孩子更好地成长，任务很重要也很艰巨，但当你用智慧和爱最后换来了家长的认可、合作共力，一起改变了一个家庭，成就一个孩子的人生，你又会倍感欣慰。

教育好一个孩子，幸福了一个家庭，这是一件功德无量的事。为此，作为班主任，虽然过程很艰辛，但在精神上却很享受。

二、论文

家校共筑成长防护网

广东省韶关市曲江初级中学　邓剑云

在现代化教育改革中，教育工作的落实不仅在学校，更在家庭，家庭教育才是关乎孩子健康发展的重要源头。素质教育的推进让家庭教育也受到颇多关注，各种教育政策只针对学校教育是远远不够的，还需要从家庭教育中入手，实现孩子的健康成长。本文刍议初中班主任应如何有效指导家庭教育，进而保障学生的全面发展。

如今的社会发展十分迅速，家庭作为孩子的第一课堂自然承担着重大的成长教育责任。良好的家庭教育会让孩子的发展更为健全，这对孩子的影响是终身的。可根据目前情况来说，家庭教育的实施现状不容乐观，家长为孩子施加的压力过多，不利于孩子的学习与成长。作为班主任，作为教育的重要守护人，班主任应当关注这一问题，在家校共育的理念下扶持家庭教育走上正确的方向，这样不仅能够使家庭教育得到理想的改观，还能够让学校教育获得助力，这是一举两得的事。

（一）精准定位问题，正向引导家庭教育

1.观察学生实情便于对症下药

在班级管理过程中，班主任在学校与学生朝夕相处，可谓对学生十分了解。而初中阶段的学生正处于青春期的关键时期，他们的内心变化极为复杂，且心理活动正在从不成熟转向成熟，所以这个阶段的学生是不易于掌控的，他们所需要的是尊重和重视，而不是严格的管控。因此班主任为了更精准地定位问题，寻找切入口，可以从学生的日常表现进行分析总结，这样有助于对症下药。比如，班内有的孩子每日都是活泼的，他们的身影可以出现在教室的每个角落，可当他们某日突然安静下

来的时候，就说明他们遇到了某些难以解决的问题，这便是班主任所要寻找的突破口。班主任可适当观察孩子们的行踪，对他们的一言一行有所了解，在付出关心和关爱的前提下，对问题的发现也会更加精准、科学。最关键的一点在于，孩子是父母的缩影，父母的言行举止会直观呈现在孩子身上，所以当班主任观察班级中学生的相处方式时，就能够了解学生具体的家庭情况。如，有的学生十分自私，在班级中不关心集体生活，而且对待同学也比较自私自利，导致班级中没有同伴愿意跟他一起玩。那么，他的行为就一定程度上可以折射出家长的教育情况，说明家长对孩子十分溺爱，导致孩子养成自私的性格。所以班主任在每日观察学生实际情况的同时分析家庭教育可能出现的问题，这样也能够大致分析出家庭情况，以便日后指导家庭教育时选取最佳策略。

2.利用家访了解家庭教育现状

班主任是一个班级的管理者，更是学生成长的榜样，教育的主心骨。为了更好地促进家校共育，班主任必然要善于追根寻底，为切实解决家庭教育问题寻找更好的指导方向，利用切实可行的方案去了解家庭教育现状，由此来提高教育质量，助力指导方案的有效落实。例如，家访就是一种拉近彼此距离、调查家庭教育实际情况的有效途径。虽然家访是一种传统且费时费力的方式，但它所带来的价值是不容忽视的。为了全面提升家庭教育的整体水平，确保家访的有效性，班主任要对全班同学进行全面入户家访，一个学期必须要访遍全班同学，将一些较为特殊、突出的学生作为家访重点，多次家访。如班内有位学生学习成绩处于中上游，可在任何时候都表现得较为自卑，班主任分析可能是她的家庭教育过于严格，对她总是不够耐心或者总是失望的。在基本估测后，班主任与家长取得联系，向家长叙说了孩子在学校的优异表现。从家长的反应以及举止中能够证明班主任的预测，果然家长对孩子是打击式教育。后来班主任继续和家长沟通，试图了解家长眼中的孩子是什么样子，从家长的视角下分析家庭教育，考虑家庭教育的具体问题。在与家长的谈话中，班主任对家长的脾气、性格以及教育手段有了初步了解，第一次的家访以调查问题为背景，指导解决问题的方法为导向，提高家长认识为抓手，解决家庭教育问题为目的，之后再进行第二次、第三次的家访，跟踪孩子和家长的变化，鼓励家长用适合孩子的方式与孩子相处，能够给孩子更多自信和耐心，在加油鼓励下促进教育活动的良好进展。通过家访来了解家庭教育的具体情况，进而使家庭教育指导工作得到进一步的落实。

（二）拓展指导渠道，共助孩子健康成长

1.开辟线上讲台拉近彼此距离

班主任在有效指导家庭教育时，必然要关注适合的教育渠道，这样才能确保家校合作共同守护孩子的健康成长。在信息技术的运用下，班主任选取线上讲台的方式与家长进行沟通，在腾讯会议的使用中，班主任与家长、学生在网络上面对面进行亲子培训，每月一培训，每训一主题，主题丰富多彩，比如：

（1）心理团辅课程"关注情绪，从心开始"。

（2）家校联动课程"家校联动，助推教育高质量发展"。

（3）生命课程"生命的意义"。

（4）亲子关系课程"爱，要大声说出来"。

（5）生涯规划课程"规划人生，创造未来"。

（6）劳动技术课程"稻田插秧亲子劳动实践活动"。

班主任开设内容丰富的专题讲座，并以互动的形式授课，课后给家长和学生布置家庭作业，一来起到巩固和反思的作用，二来让家长和孩子正视此次的线上培训。家长可打开心扉与班主任交谈，家校两方都是以孩子为中心，以孩子的健康发展为基础的，所以不论出于何种思想目的，与国家的教育方针都应该有保持一致。通过线上讲台的方式让家长、学生和班主任之间的沟通变得顺畅，在家长的积极参与下，有效提升教育质量，促使教育活动的组织更高效。为了进一步拉近彼此的距离，线上讲台的沟通方式会定期举行，全程关注学生近期的学习进度、

心理动态和生活表现，这样班主任和家长有共同的话题，能够互相汇总学生在学校以及在家庭的表现。同时，班主任还会对每次的线上讲台实施情况进行记录，划分发言的家长以及沉默的家长，包括家长提出的疑问，像孩子不愿与大人沟通、孩子脾气急躁等，待班主任统计完善后，会给出相应解决策略，这是有效指导家庭教育的必要途径。

2.组织亲子互动优化教育指导

家庭教育的改善不应仅停留在理论层面的教导，更要关注实践操作环节，这样才能在一定程度上验收家庭教育情况，保证家庭教育在班主任的指导下得到更好的发展。为此，班主任为家长提供亲子互动的活动方案，使孩子与家长在共同参与下享受亲子时光，让陪伴成为打破僵化关系的一大突破口。例如，针对孩子个性的不同，班主任为家庭提供了几项活动主题：①可以带领孩子在休息日的时候爬山，一起运动会使彼此在互帮互助下共同进步，也让双方的沟通有一定的平台；②可以去图书馆进行阅读，互相挑选书籍后记录阅读心得，培养学生的阅读能力，也让彼此的话题更加丰富；③可以一起干家务，全家大扫除，这样也能够让双方有彼此互助的机会，在愉悦的氛围下完成互动；④可以参观当地的美术馆、博物馆、艺术馆等，这类活动也能够开阔孩子的视野，让家庭氛围得到熏陶。除此之外，各种亲子小游戏也能够促进家庭教育，像你画我猜、蒙眼贴鼻等，这类趣味小游戏会让彼此的相处更加融洽。班主任给出适当的意见后，家长可根据相应内容去选择，与孩子共同商讨喜欢的实践活动。在适当的放松下，将"双减"贯彻在家庭教育中，分散家长只抓成绩的心思，让班主任成为亲子互动的支点，促使家庭教育步入健康发展的轨道。家长也可以根据自身的想法与孩子的需求提出相应活动，在密切的探讨与践行中，实现家校合作共育，共筑成长防护网。

总的来说，在初中班主任教学工作的实施中，家校共育的建设并不能一蹴而就，它需要坚持不懈的努力和付出，在持之以恒的指导下扭转家庭教育现状，让先进的教育理念融入家庭，促使教育工作的构建更加高效。班主任在不断提升自我的前提下面向全体学生构建教育模式，在与家长的并肩作战下共同助力孩子成长，在家校共同努力下铸造成长防护网，为孩子的未来撑起一片蓝天！

融合式音乐教学在初中生心理健康教育中的应用与思考

广东省韶关市曲江初级中学　刘欢

随着教育水平的不断提升，教育部门对心理健康教育的重视程度也日渐提高，心理健康教育成为教师教育活动的重要组成部分。尤其针对初中生而言，正处于身心发展的关键时期，心理健康关乎学生当前的学业发展以及未来的终身发展。所以教师理应选取恰当的教学方式去引导学生的心理健康。本文从融合式音乐教学入手，将其应用在初中生心理健康教育中，在全方位教育手段下思考学生个性特点，打造理想、高效的应用手段。

初中时期的学生受到年龄的限制，不论是认知能力、价值观、思维水平还是其他能力，都处于从不成熟走向成熟的阶段。而且该时期的学生是青少年叛逆期的最严重阶段，他们的内心相对较为脆弱，也会因为人际关系、生活、学习各方面出现问题受到严重打击，从此一蹶不振。在这种情况下，教师必须关注学生的学习特点，从重视其身心发展特征的角度制订优质的教育方案。音乐课程作为一门艺术学科，对心理健康教育有着极大的促进意义，教师应挖掘音乐的育人功能，对初中生心理健康教育进行深层次的思考。

（一）营造丰富音乐情景，渲染心理教育气氛

为了保证融合式教育得到更好的发展，教师以音乐情景的营造为根本，为学生渲染心理教育气氛，宽松的学习环境能减轻学生的心理负担，更好地疏导学生的心理压力，调动学生的主观意识。以《歌剧揽胜（一）》的教学为例，教师为学生带来《白毛女》歌曲中的《扎红头

绳》，歌剧中采用对唱的演唱形式，真切地表达出杨白劳与喜儿之间深厚的父女之情，这种情感的表达是无法透过歌词以及曲调去表现的，所以教师以微课形式为学生带来歌剧表演资源，让学生在直观体验下感受到歌剧的具体含义。整段内容讲述了喜儿和躲过年关后的父亲相聚时的情景，这一段经典对唱十分轻快，但具有很强的感染力。在音乐情景的营造下让学生的心理得到放松，在观看的过程中获取愉悦的学习体验，这是对学生音乐鉴赏以及素养培养的一大助力。随着学生对歌剧内容的了解以及吸收，课堂的氛围也逐渐到位，教师继续向学生展开《白毛女》的完整故事介绍。该剧是在陕北秧歌剧的基础上融合民间戏曲、歌曲的成分，再加上西洋歌剧的经验来反映当时的社会生活，这是我国的经典歌剧。从音乐情景中让学生感受到杨白劳和喜儿的不同情绪，这是调节情绪、提升感知能力的方式。再鼓舞学生在课下观看完整的歌剧，借此提升学生的学习情感，为心理健康教育渲染良好的气氛。相信在音乐情景的铺垫下，学生学习音乐知识的动力会明显提升，同时学生也会在观看歌剧中陶冶情感，通过挖掘歌剧的综合教育功能，优化学生心理健康。

（二）汲取音乐歌曲力量，缓解不良情绪

音乐中所传达的不仅仅是情感，更是一种默默无闻的力量，而这种力量便是我们所要汲取的元素，它能够让学生的不良情绪得到缓解，促使心理活动的组织建构更加充分。在音乐教学中，教师会在歌曲的引导下进行拓展，有效促进学生良好心理活动的生成。例如，在音乐学习中我们欣赏了《第五（命运）交响曲（第一乐章）》，这首乐曲的作者是贝多芬，他出生在德国波恩，自小家庭贫困，但他的伟大事迹人人赞颂，不少人都给予他最高的评价。可是他成为一个音乐家的路程是十分艰辛的，这样的磨难不是每个人都可以承受得住的。童年时期的贝多芬经常被父亲拽到钢琴、小提琴前训练，每日数小时的训练是常有的事，稍有错误就会被打，邻居经常能够听到孩子发出的惨叫，这便是贝多芬

的童年。后来贝多芬很早就承担起生活的重担。经济问题落在他的肩上，再加上母亲的去世让他遭受打击，如果说童年时期的贝多芬是悲惨的，那么青年时期的贝多芬也同样是痛苦的。他的耳朵失聪，甚至险些断送他的音乐之路。在贝多芬故事的阅读中播放乐章，让学生汲取到歌曲中的无限力量，回想自己的生活，那些困难仿佛都变得不堪一击，看似无法渡过的难关也显得万分轻松。学生在自我反思与对比下，不良情绪会得到很好的管控，觉得自己所遇到的挫折就像是玩笑一样，我们应该从容地面对生活，不能轻易被一些困难打倒。通过汲取乐曲力量使学生的情绪管理更加恰当，以便缓解学生的不良情绪，从而塑造坚定、坚强的心理品质。

（三）举办艺术表演活动，调动学生积极心态

我们看到一个好玩、好看的画面或者电视剧时，会顺其自然地捧腹大笑，这是情绪的自然流露，这是情感的象征。音乐教学过程中，教师借助学生的年龄特点创设学习活动，以举办艺术表演活动为核心，借此让学生的心态更加积极，不论是表演者还是观看者，都能够在滑稽的画面中感受到愉悦，这对学生的情感体验有着极大的促进作用。例如，在音乐教材中提到了综合艺术表演，教师以此为机遇为学生创设表演活动。以《皇帝的新装》演出为例，教师提前发布演员征集表，角色有百姓若干名、皇帝一名、小孩一名、大臣三名、裁缝两名，学生可根据个人情况自愿报名，由教师与学生一起排练。在自习课或者放学后，师生在练习室内根据背景画面和音乐进行演练，学生会进入角色来完成表演挑战。排练结束后，在课堂中正式表演。教师作为主持人向观众介绍本次表演活动的人物以及名称，随后诸位演员上场，表演活动正式开始。虽然这个童话故事是学生所熟悉的，但当周围的好朋友滑稽地表演出来时，所看到的画面就会十分独特，这能够让双方都得到不一样的体验。在充满趣味的艺术表演活动中，学生的心态得到良好的调整，在艺术情感的丰富下学生能够享受快乐的音乐时光，这对学生的心态调节也有一

定的裨益。所以教师应定期围绕音乐教学举办艺术表演活动，在师生的共同参与下，在学生之间的彼此合作中，更好地调节个人心态，促使学生在欢乐的活动中提高心理素质。

（四）构建音乐游戏活动，凸显学生个性差异

在音乐与心理的融合指导下，教师不但可以按部就班地进行教学组织，还可以围绕音乐拓展的方式凸显学生个性差异，为学生创设理想的学习乐园，这样既能够提高音乐游戏的创设价值，还可以使心理健康教育得到进一步的提高。例如，要想使音乐教育和心理健康得到更好的体现，教师必然要关注师生间的关系培养，所以紧抓这一内容与学生拉近距离，通过音乐来了解学生的个性特点。每个学生都有喜欢的歌曲，在彼此推荐中既可以让师生之间的话题更加丰富，还可以从歌曲中发现学生个性。课下让学生将喜欢的歌曲或者歌单发送给教师，再由教师将歌曲下载后用于课上的聆听，这是提升学生对教师信任以及依赖的教育方法。有的学生性格较为安静，所以他聆听的歌曲也偏向于温柔；有的学生性格暴躁，他喜欢的歌曲都是一些激情类的。喜欢聆听的歌曲的特点能够反映出学生的独特个性，也便于教师对学生的了解。课上，教师还会与学生一起进行游戏互动，如歌词接龙，让歌词前后连接，提升学生的音乐能力。流行音乐的融入能够让心理健康教育得到更好的实施，它是对学生情绪的调节，更是对师生关系的培养，是融合式教育的坚实基础，能够让学生在展现自我的同时保障心理健康成长。

总之，伴随着融合式音乐教学在初中生心理健康教育中的应用，不论是音乐还是心理，其教育都发生明显的变革，这是对教学的促进，也为两者的融合教育注入活力。教师在进行音乐教学与心理健康教学的融合探索时，以丰富的精神生活为关键，培养学生对音乐的感受能力、鉴赏能力，在积极向上的情绪渲染下消除不良心理因素，使学生在参与一系列音乐活动的过程中获取不一样的成长体验，让音乐充盈在健康环境中，保证心理健康教育取得良好效果。

音乐治疗与心理健康的作用探究

广东省韶关市曲江初级中学　刘欢

用音乐去解释未被表达的、孤独的、丢失的情绪情感体验，置换来访者不能表达出来的那部分体验，并且用音乐去发展他们，进而达到心理治愈的效果。目前，随着科技的发展和人类认识水平的提高，音乐治疗作为一门独立的应用科学，逐渐被社会和医学界接受，并日趋运用成熟。虽然医学界对音乐治疗没有一个统一的定义，但笔者认为，这并不影响学生认识音乐治疗，所有音乐治疗的定义必须承认音乐治疗是以音乐作为媒体进行治疗，以促进人类的身心健康。而它的核心——音乐，对于学生来说是再熟悉不过了。笔者一直相信，音乐是人类的一种本能，音乐不是被用来教授的，音乐应该是人的天赋之一，因此，每个人都有感受、学习和领悟音乐的潜力。音乐作为一种艺术，是人类情绪的固化形式。

（一）音乐治疗与心理健康的紧密联系

通过音乐治疗的介绍，我们知道了音乐与心理的紧密联系：首先音乐是一种强有力的感觉刺激形式和多重感觉体验，包含听到的声音（即听觉刺激）和可以感受到的声波震动（即触觉刺激）。在演唱会或者影视作品中还伴随有视觉刺激的体验，而这些刺激都是一种心理感觉。例如，在音乐的认知治疗中，来访者因歌词在音乐的背景下产生更强烈的认知领悟效果，而且音乐使歌词进入大脑时具有情感。虽然大脑可以屏蔽歌词，但不能屏蔽情感，因为大脑对情感的反应是直接的。比如，《隐形的翅膀》《真心英雄》《飞得更高》等歌曲。音乐治疗让来访者在音乐中寻找被压抑的潜意识情结，通过音乐的途径转换和升华早年的经历带来的创伤。

（二）音乐治疗与认知行为的结合

一般来说，人的认知和行为是相辅相成的，我们在此基础上演变成音乐治疗与认知行为的结合，其治疗原理是改变来访者对音乐体验的极端化思考，从而改变来访者的认知，影响他生活中的行为。在音乐治疗与认知行为技术的结合中，可以给来访者播放一些能让人放松的音乐，比如一些抒情的钢琴曲。引导来访者进行音乐冥想，给他们一个想象的空间，让他们去体会自己的紧张、恐惧和无序的感受，听完音乐后可以列出生活的事件表，回忆一些引起自己紧张的情景。这也相当于脱敏治疗，引导来访者给造成自己紧张和焦虑的事件打分，针对高于5分的事情，在音乐中再次体验，体验感受的变化。这种音乐减压，是心理咨询中独有的。最后可以让来访者进行想象练习，在音乐中想象一些你乐意去做的事情，然后列出行为表，最终通过生活实践来访者自己就发现了变化，治疗顺其自然，效果也就非常明显。

这也是音乐治疗和心理学相结合的模式，即特定类型的音乐引发特定类型的感受。而特定类型的感受影响了来访者的行为决策。由于每个人的感受不同，那么，在音乐中的感受就不同，这种感受给他带来了特定的认知体验，而认知决定行为，因此，也影响了他的行为。所以说，音乐治疗与认知行为的结合是音乐治疗实践非常重要的模式，能够改变来访者的认知和行为，治愈的目的因而也就达到了。

（三）音乐治疗与精神动力学的对应

音乐治疗与精神动力学的对应是通过音乐释放内在的情感压抑；通过音乐转换客体，增强安全感，减少分离焦虑；还有通过音乐来治疗病理性自恋和自卑等。例如：运用的是音乐的象征治疗，治疗关系除了包括咨询关系，还包含过去的元素，过去的部分是通过对音乐的投射和自我认同聚集的。又如，在动力学音乐治疗的技术中，有三种潜意识编码心理机制，分别是凝缩、置换、象征。咨询师通过三种潜意识的编码，找到动力学音乐治疗背后的治愈因素，然后通过关注移情进行治疗。其中音乐治疗比语言治疗更少让来访者恐惧，能更好地表达口头语言所不能表达的不确定性和潜意识的认识。意识和潜意识之间的协调通过意象、自由联想、零散的思想、音乐梦等形式进行。让来访者放松思想，释放压力，进入一个全身心的放松状态，再通过治疗师的引导进入一个意识想象空间。

（四）音乐治疗技术与叙事治疗的运用

音乐作品本身也是一个发展的过程，可以投射来访者自身的故事。比如有危险的故事，要先建构，替代故事就等同于替代人生剧本，再发展新故事。咨询师进入故事，发展资源而不是改变环境。音乐叙事，将错误的人生剧本，通过听音乐、编故事、讨论故事、建构故事等，替代故事、替代人生剧本，达到治愈的效果。

音乐叙事治疗除了个案，还可以进行团体治疗。音乐团体叙事治疗，可以通过悠扬的音乐，比如笛子的声音等，让团体成员进入音乐冥想，然后大家对音乐的冥想内容进行讨论，之后再将讨论的内容通过接龙的方式发展下去，最后大家一起表演这一故事，并且可以为故事配乐达到升华，配乐也包括通过拍打身体的不同部位来创造出各种节奏等。这里有一个建构主义思想做基础，可以把故事变成剧本，接着改良剧本，最后从剧本中受益。在音乐叙事治疗中，我们还可以寻找音乐带给来访者的例外经验，比如《高山流水》是一首很完美的音乐，可以用于稳定情绪，咨询师可以引导来访者在反复多次听《高山流水》的体验中，体会每一次的不同感受，在多次的体验中不断地变化，寻找例外，引导来访者的认知发生变化。

（五）音乐治疗应用与压力管理

人总是处于一种压力状态之中，在不同的生长时期，随着遇到不同程度的来自学习、生活、情感、社会竞争、家庭变故以及各类突发性事件的影响，都会自然产生一些不同的心理压力。及时找到一个适当的宣泄方式或者随着时间的推移，都可能使得压力得到一定程度的缓解。但若压力长期得不到有效释放，也会慢慢质变成疾病，严重的甚至可能会导致精神疾病。音乐心理减压是一种比较简单有效的减压方式，能使我们长时间保持一种健康积极的心态。

音乐心理减压是人处于意识和潜意识间的一种状态下的一个让人身心深度放松的心理减压方法。音乐心理减压的目的是通过音乐冥想，来体验自我生命的美感，丰富内心世界的想象力和创造力。例如：在初中阶段的学生，最常见的压力就是来自考试前的心理压力和焦虑，学生来访者常常出现过度焦虑、坐立不安、神色慌张等症状。因为这种现象很普遍，所以，咨询师除了个案治疗外，还会选择团体治疗。在音乐减压的过程中，可以播放相关音乐引发来访者丰富的视觉想象、色彩感觉、形象感觉、运动感觉、触觉和味觉的感受。让来访者在音乐联想中尽情地体验大自然和自我生命的美妙，在心灵上得到一段时间的洗礼之后，可能会改变来访者日常的心理状态，让来访者处于一种良好和积极的生活状态之中，并最终影响来访者对事物以及面临问题的态度，帮助来访者更多地从积极的角度去认识和对待自己的生活以及面对消极的问题。

总之，治疗师要善于利用音乐治疗中的技术和技巧，巧妙利用音乐，结合来访者的心理问题，激活来访者对音乐的本能反应，让来访者在音乐背景营造的欢快氛围中去完成一些固定行为，久而久之，通过持续的康复训练，在一定程度上，可以治愈他们的心理问题，走向阳光，从而实现他们的自我价值。

浅析初中音乐课堂教学中的德育渗透

广东省韶关市曲江初级中学　刘欢

音乐是情感的艺术，音乐教育是以音乐为手段，在潜移默化中对学生进行情感教育。在音乐课堂教学中渗透德育，能够陶冶学生情操，培养健康的情感，从而帮助他们形成正确的世界观、人生观、价值观。

一直以来，德育都是我国学校教育教学中不可或缺的重要部分。而初中学生正处于世界观、人生观和价值观开始形成的关键时期，因此，在初中各科教学中渗透德育显得尤为重要。《基础教育课程改革纲要（试行）》提出："制定国家课程标准要依据各门课程的特点，结合具体内容，加强德育工作的针对性、实效性和主动性……加强思想品质和道德教育，引导学生树立正确的世界观、人生观和价值观。"作为一名初中音乐教师，笔者在音乐课堂教学中，依据音乐课的特点，将音乐与德育结合，将德育渗透入音乐课堂教学中，"润物细无声"，很好地提高了音乐课堂教学的有效性，达到了相当好的教育效果。本文对在音乐课堂教学中渗透德育进行探讨。

（一）德育在音乐课堂教学中的作用

什么是德育？按照字典的解释，德育就是对学生进行思想、政治、道德、法律和心理健康的教育。与数学课等注重培养学生理性思维的课程不同，音乐课注重学生感性思维的培养，因此，德育与音乐课有更多的共通之处，都是注重培养学生良好的情感、情操。那么，在音乐课堂教学中，德育能够起到什么作用呢？

1.陶冶情操，培养学生健康的情感

现代社会，信息技术高度发达，初中生接触到的音乐作品也越来越丰富。但是，这些音乐作品五花八门、泥沙俱下，初中生由于社会经验经历少，对这些音乐作品的认识不全面，不清楚哪些是健康向上的歌曲，哪些是靡靡之音。所以，在音乐课堂中渗透德育，能够让初中生学会辨别哪些音乐作品具有正能量，哪些音乐作品是不健康的，从而陶冶其情操，培养健康的情感。

2.有利于学生形成正确的世界观、人生观、价值观

初中生正处于由童年进入成年的过渡时期，他们的思想逐渐脱离了童年期的年少无知，但是又不具有成年人的成熟思想，因此，初中生的

思想状态比较动荡、不稳定，此时正是他们的世界观、人生观、价值观开始形成的关键时期。在音乐教学中渗透德育，能够引导初中生的思想往积极健康向上的方面发展，从而有利于他们形成正确的世界观、人生观、价值观。

（二）音乐课堂教学中渗透德育的具体做法

苏联著名教育家苏霍姆林斯基认为，感情的纯洁是形成高尚道德的基础，而这种情感正是音乐和歌曲培养出来的。由此可见音乐对人的情感的培养的重要性。十多岁的初中生，他们的思想世界是简单的，他们的情感世界是纯洁的，我们教师有义务在教学过程中，运用德育的力量，帮助他们形成高尚的道德，让他们以后的人生路走得顺顺利利，拥有尊严。因此，在音乐课堂教学中，笔者十分注重对学生的德育，取得了不错的教学效果，具体做法如下。

1.示范教育，以身作则

教师的思想、一言一行都对学生有着潜移默化的影响，身教重于言教，理论的教育只有伴以榜样的示范，才能产生效果，因此，教师必须从语言到行动严格要求自己。如果学生对教师有良好的第一印象（指得体大方，符合教师身份的形象），那么将会是教师顺利展开教学工作的第一步。俗话说："好的开始是成功的一半。"所以学生在一开始不反感，甚至发自内心喜欢你这个教师的气场，那么，对于教师外在形象的塑造，你就是成功的。

上课之前，笔者都会认真审视自己，衣着是不是整洁大方？举止是不是端庄得体？等等。上课时，笔者努力做到教态自然端正，语言富有激情，板书工整认真，以自身的形象为榜样，让学生在潜移默化中受到影响，学会做一个举止端庄、形象得体大方的人。

2.采用多种教学方法，将德育寓于形式中

音乐课堂教学中，笔者认真设计教学中的各个环节，采取灵活多样的教学方法。

（1）情境教学法。在教授每一首音乐作品前，笔者都会给学生介绍该作品创作的时间、经过，以及作者创作作品时的心理、思想状态等，如聂耳创作《义勇军进行曲》、冼星海创作《黄河大合唱》等，并设计教学情境，让学生如身临其境，感受作者伟大的情怀、波澜壮阔的人生。

（2）小组活动法。在教授音乐作品的时候，笔者不仅仅教学生演唱作品，还将学生分成小组，要求学生通过小组活动的方式演绎作品。让学生在小组活动的过程中，深切感受作品所传递的团结合作、积极向上等情感力量，从而在潜移默化中提升自身的道德境界。

3.音乐与生活紧密联系

音乐教材中有不少的作品带有浓厚的时代气息，对学生建立正确的人生观等能够起到积极的引导作用。作为音乐教师，笔者积极寻找这类音乐作品与现实的联系，挖掘其中的德育要素，教导学生把音乐跟现实联系起来，在现实生活中践行德育思想。

例如，教授著名歌唱家阎维文的《儿行千里母担忧》这一首歌。课后，笔者布置作业，要求学生回到家里多与母亲沟通，或者为母亲分担家务活，然后每人都要写一篇与母亲在一起的笔记，下一次上课的时候交上来。通过这样实际的方式，让学生与自己的母亲更亲近，强化母亲在学生心目中的伟大形象，从而在实际生活中对学生进行孝道教育，让学生深切认识到孝道的重大意义。

总之，教师的任务不仅是教书，更要育人。音乐教师在音乐课堂教学中要努力进行德育渗透，陶冶学生的情操，培养学生优良的品格，使其身心得到健康发展。

核心素养下初中音乐培养学生创新能力教学探讨

广东省韶关市曲江初级中学　刘欢

核心素养时代的到来，不仅革新了初中音乐教学格局，对教师教学也提出了全新的要求：既要让学生掌握音乐文化知识，还要培养学生适应社会发展的创新能力。在初中音乐实践教学中，要想让学生创新能力得到提升，其创新意识与创新思维的塑造是基础所在，为有效实现这一教学目标，教师一定要结合学习氛围的创设，激发学生的音乐兴趣，在兴趣的驱使下增强学生的音乐感知能力，实现学生创新能力的培养。

音乐学科核心素养是指音乐学科学习中应具备的关键能力和必备品格，主要体现在审美感知、艺术表现和文化理解几个方面。这些核心素养共同构成了音乐学科教学的核心目标。我们都知道音乐可以充实我们的心灵，使得我们的身心得到释放，它既可以调节人的心情，还可以陶冶人的情操。要想让学生的个性价值在音乐学习中得到塑造，就要在多元化的教学模式与教学手段中强化学生的音乐素养，从而有效实现学生的全面发展，提高学生的核心素养。

（一）核心素养下初中音乐培养学生创新能力的必要性

1.有助于促进学生的全面发展

在实施素质教育的今天，人们越来越重视学生的全面发展，越来越重视学生适应社会能力的培养。面对这一变化，音乐教学提供了有效的途径。作为德智体美劳全面发展不可缺少的一部分，音乐既可以洗涤学生的心灵，又可以缓解学生的压力，使学生的情感在轻松愉悦中得到表达。在初中音乐教学中，我们不仅让学生学习乐曲，还会为学生提供器乐课、鉴赏课等音乐教学环节，而在这一整合的过程中，教师就可以充分利用音乐的发展让学生认识到音乐文化的魅力，从而实现学生综合素质的提升，在多元化的音乐体系中增强学生的创新意识。

2.有助于优化学生的思维建设

音乐教育是学生综合素质发展中不可缺少的组成部分，我们一定要打破"灌输式"的教学模式，化被动为主动，引导学生成为课堂主人，在核心素养的发展中实现教学观念的转变。同时为有效提高学生的创新能力，我们可以凭借信息化、合作学习、层次教学等手段展开学生思维能力的培养，使得学生在音乐学习中获得主动权，通过自主参与和创新思维的运用使得教学效率得到实质提升。

（二）核心素养下初中音乐培养学生创新能力的原则

1.主体性原则

在素质教育发展的今天，我们要想让学生在音乐学习中得到创新能力的塑造，就一定要激发学生的学习兴趣，通过"以人为本"教育理念的落实，使得学生成为课堂学习主体，以此来调动学生的学习热情。在主体性原则的基础上为学生展开教学模式的创新，让学生化被动为主动。

2.层次性原则

每一个学生都是独立发展的个体，由于受家庭、生活等不同环境因素的影响，自然而然也就出现了学习水平、学习能力、审美等不同层次的发展。为此，对初中音乐教学而言，要想让每一位学生都得到核心素养的培育，我们一定要重视学生之间层次性的发展，通过分层教学原则的落实实现相互促进、共同发展，继而使得每一位学生都能在不同层次的交流中产生思维的碰撞。

（三）核心素养下初中音乐培养学生创新能力的策略

1.信息融入，点燃学生的思维火花

如今是互联网发展的时代，这一信息化更迭的过程也给教育教学带来了不同程度的革新，各种信息化手段的出现使得教学模式受到极大的冲击，其中最受欢迎的便是微课，它不仅具有时间短、内容精炼的优质特性，还可以帮助学生实现思维结构的组建。基于此，为有效提升学生在初中音乐学习中的创新能力，我们可以充分利用微课这一信息资源来培养学生创造性发展价值的音乐核心素养。例如学习《走进新时代》这一歌曲，这是一首歌颂中国新时代的歌曲，旋律流畅、抒情，热情豪迈，在传唱中既可以激发学生的爱国热情，又可以培养学生良好的中国新时代精神。为有效点燃学生的思维火花，我们可以利用微课向学生展

示祖国的发展变化，同时结合"中国新时代"等视频小片段，使得学生在娱乐化、信息化的音乐教学中提升创新能力、鉴赏能力，从而使学生在聆听与感受中得到不同的体验。

2.创优情境，激发学生的学习兴趣

情境教学一直以来都是激发学生学习兴趣的有效途径，通过视频、图片、实物道具等创设氛围，既可以增强学生的情感体验，又可以使得音乐教学得到有效的延伸拓展，使得学生在音乐素材、音乐风格的探究分析中得到创造性思维的发展。例如学习《美丽的草原我的家》这一音乐内容，这是一首蒙古族的民歌，为此，教师可以通过图片为学生展示蒙古族的景色、特产、服饰、信仰等内容，以此来激发学生对少数民族音乐的热爱，实现全员参与。在对少数民族文化认知的过程中，培养学生的音乐核心素养。同时为提高学生的创新能力，我们还可以为学生展示马头琴这一乐器，使得学生在美妙的体验中感受到音乐之美，从而利用合唱法、听赏法、表演法等形式激发学生对音乐的热爱，让学生以独具特色的唱腔进行音乐情感的表达。

3.分层教学，激活学生的创新灵感

在音乐教学中，教师既要做到面向全体学生，还要做到因材施教，以此来提高学生的课堂参与性。在相互促进的过程中，激发学生的创新灵感，而分层教学的融入有效解决了这一问题。我们可以充分利用学生群体的差异性原则，将学生进行一个 A 两个 B 一个 C 的组合，使得学生在培优带差的学习过程中得到思维能力的提升，通过彼此之间资源共享的学习模式，实现民主型学习氛围的创设。例如在学习"八音和鸣"这一单元的内容时，教师可以利用《百鸟朝凤》《江河水》《夜深沉》等乐曲使得不同层次的学生在明晰的对比中进行器乐的认识与音色的表达，通过二胡、唢呐、京胡等器乐的表现使得不同层次的学生感受到音乐情感的内涵。为有效激活学生的创新灵感，我们可以让学生以老师的身份展开音乐鉴赏课的讲解，通过对学生主观能动性的激发使得学生在彼此讲解中学会倾听、学会欣赏他人，在互评互讲的过程中引导学生对自己

有一个充分的认识，从而实现思维灵感的碰撞。

4.生活整合，活化学生的思维建设

音乐本身就与我们的生活息息相关，其一言一句无不显示着生活的情感，也正是由于这一特性，展现了教师对于学生创新能力的培养得以有效延伸。例如在学习《年轻的朋友》这一音乐内容时，教师可以利用"友谊"这一话题导入，让学生就自己与小伙伴之间的友谊之路展开情感回忆。在这一生活化的情境创设中使学生的情感得到浸润，以便于学生在演唱歌曲时更加具有情感特色。同时我们还可以让学生就自己身边发生的友情故事展开歌曲的创设，通过自创、自写、自演进行创新思维能力的训练。此外，为有效提高学生的创作动力，我们可以为学生开展"我是创作歌手"的评比活动。而且在这一过程中我们还可以为学生提供实质性的物质奖励，让学生在情感、生活等融合的过程中激发创新欲望，让学生用自己的行动、语言表达自己的所思所想，让学生在音乐学习中迸发创新活力，从而提高初中音乐教学的有效性。

总之，对于核心素养下初中音乐教学中学生创新能力的培养，我们既要落实以人为本的教学理念，还要为学生提供广阔发展的空间。通过信息融入、分层教学、生活整合、创优情境等教学手段使学生得到思维能力的创新，在乐曲的传唱以及节奏的转化中实现音乐核心素养的培育与发展。

浅谈音乐课堂教学中渗透心理健康教育

广东省韶关市曲江初级中学　钟小莲

随着社会的高速发展，人们面临的竞争与压力与日俱增，在此背景之下越来越多的人出现各种各样的心理问题。随着信息时代的来临，中学生接触社会的机会更多，程度也更深。在接受社会正面事物影响的同时，心理尚未成熟的中学生也受到了部分负面影响，学生越来越多地出

现心理健康问题，中学生心理健康问题不容忽视。在素质教育思想的指导下，学科教学不仅要完成基本的知识传授任务，还要发挥更多的功能，以达到培养学生多方面素质的目的。音乐学科是美育基础课之一，有着非常丰富的心理健康教育内容。因此音乐教师应当在传授知识的同时，充分挖掘和利用音乐学科的优势，在音乐教学和活动中渗透心理健康教育。以下就谈谈具体的两点做法：

1.创设情境优化学生心理品质

音乐课有其独特的特点，注重情感的体验，而创设情境是体验式学习的载体和途径。实践证明，在课堂上创设恰当的情境能使学生的情绪受到感染、产生共鸣，使学生具有良好的心理状态，良好的心理状态对提高学生的心理健康水平、优化学生心理品质具有重要的促进作用。"爱"是永恒的教育主题，也是心理健康教育的重要内容，学生只有深刻感受"爱"，才能成为一个有爱心的人，才能形成健康的心理。例如：在《为了谁》这一课中，学生一开始听到这首歌都会发出一声"嘤——"，认为这种主题的歌曲一定不好听，从而产生一种抗拒的心理。在这种抗拒心理下学生根本做不到体会歌曲的情感，更不用说产生心理的共鸣，达到丰富和升华自身的情感的目的。为了完成教学目标并对学生进行心理健康教育，我在上课之前让学生谈谈记忆中父母为自己做的让自己印象最深刻的一件事，同学们纷纷发言，有说自己生病父母彻夜照顾的，也有说父母不顾辛劳在日常生活中照顾自己的。在大家发言的过程中形成了"爱"的氛围，学生也有了一定的心理预期。在这种心理预期下我再适时引出《为了谁》的主题，让学生观看抗洪抢险的画面，指出"哪有什么岁月静好，只是有人为你负重前行"。在情境的渲染下学生自然而然地把对父母的"小爱"升华到了对别人、对社会的"大爱"，美化了心灵，营造出积极健康的心理世界。又如：在《让世界充满爱》这一课的教学中，为了让学生体验"爱"这一主题，并使学生的情感得到升华，健全学生人格，在听赏歌曲之前，我先让学生观看一组汶川地震灾难发生时救援的图片，一幅幅精选的图片配合着以《让世界充满爱》为背景的音乐，使学生仿佛身临其境，产生了强烈的心理共鸣和心灵震撼。在良好的心理状态下，"爱"的内涵自然而然地得到了诠释，同时也使学生的心灵得到了净化，精神得以升华。

2.利用歌唱教学促进学生心理健康的发展

歌唱教学可以丰富学生的情感体验，使其情感世界受到潜移默化的感染和熏陶，建立起对人类、对自然、对一切美好事物的关爱之情，进而养成对生活的积极乐观态度和对美好未来的向往与追求。例如歌曲《光荣少年》以凝练的歌词、鲜明的形象、昂扬的旋律、铿锵的节奏，激发学生积极向上、勇往直前的精神风貌。歌曲《雪绒花》充满了诗情画意，洋溢着对美好未来的憧憬，给学生带来美好的感受，同时歌曲在影片《音乐之声》中爱国的寓意又引发了巨大的精神力量。又如合唱作品，合唱要求学生有强烈的集体主义观念和团结协作精神，合作中，每个学生无论是高声部还是低声部，是演唱主旋律还是副旋律，是领唱还是伴唱，都应在各自的位置上做到声音状态、强弱、口形以及吸、呼、起、收都尽量保持一致以获得均衡、和谐、统一的合唱效果。当学生在合唱过程中获得美的感受，认识到只有集体的团结协作才能唱出如此优美的合唱作品时，就愿意与别人团结协作，从而形成良好的交际心理和学习心理。

音乐教学是一门情感艺术，它对人情感的陶冶是一个潜移默化的渗透过程，其效果是深刻而久远的。在音乐教学中渗透心理健康教育，其目的是让全体学生在心理功能上获得最佳状态，使心理潜能得到最大程度的开发，人格或个性日趋完美。只要善于抓住学科的特点在课堂教学中适时地渗透心理健康教育，学生一定会在我们的引导下茁壮成长，成长为身心健康的一代新人。

三、心理情景剧

曲江人唱落水天

艺术顾问：刘坚、赖全胜、陈武建

编剧：刘欢

导演：刘欢

指导老师：刘欢、钟小莲

乐器：扬琴、琵琶、长笛、古筝、电子琴、葫芦丝

演员：

爷爷的录音：钟叔

爸爸：吴烨（牛古叔）

女儿：刘羽婷（阿兰妹）

二女孩：婷婷、姗姗

作品简介：

《落水天》是曲江最经典和最具有代表性的客家山歌，曲江采茶戏和客家山歌都是曲江区的优秀传统文化，被列入曲江区非物质文化遗产项目。戏剧《曲江人唱落水天》是由刘欢老师原创的一个作品，以传唱《落水天》为主线，通过三个剧目——"听爷爷唱《落水天》""听爸爸唱《落水天》""听我们唱《落水天》，体现曲江客家山歌《落水天》代代传承的意义。本剧呈现了主人公"我"对客家山歌从抵触、不了解到喜爱并自觉传承的心理过程，这种心理过程的呈现旨在让参演者以这种心理冲突情景下的自发表演为主，将心理冲突和情绪问题逐渐呈现，继而宣泄情绪、消除内心压力和自卑感，增强参演者适应环境和克服危机的能力并在参演中体验或重新体验自己的思想、情绪、梦境及人际关系，伴随剧情的发展，在安全的氛围中探索、释放、觉察和分享内在自我。

剧情：

第一幕：听爷爷唱《落水天》3分钟

播放爷爷唱的原生态版的录音《落水天》。

舞蹈队：插秧、种田。

春牛：犁田。

第二幕：听爸爸唱《落水天》3分钟

爸爸拉着女儿的手出场。

爸爸：妹子，刚刚你听到的就是你爷爷生前最喜欢唱的《落水天》，以前啊，你阿公经常边犁田边唱山歌，他是我们曲江的山歌王子，你奶奶就是他当年唱山歌唱回来的。

女儿：哇！我爷爷这么威水的？

爸爸：是呀！可惜你还没有出生他就因一场大病走了，唉！没有享受到新农村的生活。现在的新农村，精准扶贫奔致富，耕田样样机械化，你看看我们家的牛，都不用去犁田了，就是养来玩的。

女儿：哦，阿爸，怪不得我经常听你唱山歌啦！

爸爸：我呀，要用山歌唱出我的爱国情怀。

爸爸说唱：

金山银山遍地绿油油

新农村建设脱贫致富

山歌赞颂共产党

习近平总书记是好领袖

爸爸唱：

金山银山绿油油

脱贫致富建新农村

山歌赞颂共产党

曲江山歌传四方

落水天　落水天

落水落到涯身边

湿了衣来又没伞

光紧头来真可怜

第三幕：听我们唱《落水天》6分钟

（演员不退场，接第二幕）

一群女孩子闻声跑出来。

婷婷：哎哟！阿兰妹！你又和你阿爸在这儿唱《落水天》啊？

阿兰妹：哎？婷婷，你们怎么来了？

婷婷：听到歌声（向姗姗预示）

二女孩：我们就跑过来咯！

婷婷：牛叔！威水喔！

阿兰：（抢词）阿爸！阿爸！我们学校也教了喔！

爸爸：不是吧？山歌戏曲都已经进校园了？

姗姗：是啊！牛叔，我们曲江现在每间学校都唱山歌，跳采茶！特别《落水天》这首歌啊，个个都会唱！

爸爸：这么厉害啊！

阿兰：是啊！十分厉害！

爸爸：那唱给我听听好不好？

阿兰：好啊！来来来，大家唱起来，舞起来！

唱：唱山歌　舞采茶

曲江山歌传四方

传啊传四方

曲江采茶入非遗

入啊入非遗

山歌戏曲进校园

说唱：

唱山歌　舞采茶

曲江山歌传四方

翩翩起舞歌声甜

代代争做传承人

唱：

个个晓唱落水天

落水天　落水天

落水落到涯身边

湿了衣来又没伞

光紧头来真可怜

谢幕：2分钟

父女出场谢幕。

二女孩出场谢幕。

女舞蹈演员出场谢幕。

齐谢幕。

扶不扶

（本作品2017年荣获韶关市中小学"英东杯"文艺竞赛一等奖）

编剧：刘欢

导演：刘欢

指导老师：刘欢、钟小莲

演员：哥哥、妹妹、奶奶、高考生

作品简介：

讲述了一个因收到重点本科录取通知书而心情激动的高考生撞倒了一位老奶奶后逃逸，兄妹俩路过看到摔倒在地的老奶奶后产生了"扶"和"不扶"的思想斗争，最终兄妹俩决定取证后再搀扶老奶奶，此时深受良心谴责的高考生也回到了事故现场与兄妹俩一起搀扶老奶奶去医院。

本作品集教育性、趣味性于一身，将角色扮演、角色互换、内心独白等技术，通过表演的形式对团体进行辅导和教育。"扶不扶"是学生日常生活中常见的、学生感兴趣并能引发学生讨论的话题，反映了一种社会现象，本作品能进一步激发学生关注身边的生活体验，关注自我心灵的发展，也突出表现关心同学、家庭和睦、社会和谐等主题，使学生开始认真思考那些原本不知道怎么解决的问题、令自己感到无助的问题和那些不想和别人说起的问题，让学生真正地在不知不觉中接受教育。另外学生在表演和观看过程中将与剧中人物一同成长，从中学习正确处理心理问题的技能，领悟蕴含的道理，并联系自己的实际生活，用学到的正确的知识与方法处理问题并普遍觉察到自己身上"看不见"的，但又无时无刻不在发挥作用的负面人格特质，从而修复心理创伤、提升心灵品质。

剧情：

奶奶左手拿一袋苹果，右手拿一把扇子，得意洋洋地边走边跳边哼唱她最喜爱的歌曲《喜儿》，中间停下与观众说："我呀，刚刚买了几斤孙子最爱吃的山东大苹果！我这就给他送回去！"转身继续哼唱《喜儿》回家。

高考生骑着自行车，左手扶着车头，右手拿着重点本科入学通知书，兴奋、激动地边骑车边喊："考上了！考上了！我考上重点本科啦！"

奶奶沉醉于《喜儿》歌曲的喜悦中，低头扭动身躯，行走在马路中。

高考生沉浸于考上大学的激动中，忘了自己骑车在马路中。

奶奶、高考生当发现事故要发生的那一秒，谁也来不及躲避谁，他们两位就这样撞上了。

奶奶晕倒，苹果撒了一地……

高考生被吓得失魂落魄，丢下自行车，跑到奶奶身边摇着奶奶倒地的身躯拼命地问："奶奶，奶奶，您怎么样？您怎么样了？"再翻过奶奶的正脸，发现奶奶已经晕厥，不知生死，被吓得全身发抖，立马跌跌撞撞地后退离开奶奶身边，神志不清地说："我撞人了！我撞人了！怎么办？怎么办？"忽然，被右手的录取通知书给镇住，看着通知书，果断决定："不！我要上学！我不要坐牢！我要上学！我不要坐牢！"带着蜷缩的身躯和失魂落魄的神情，跌跌撞撞地再次走到奶奶身后，对着奶奶边走边说："奶奶，对不起！我不要坐牢！"逃走时跌跌撞撞回来推被忘了的自行车。

兄妹：典型的音乐爱好者，上学的路上，二人连走路都陶醉在音乐中。哥哥戴着耳麦，嘴里发出很嗨的节奏声音"蹦嚓、蹦蹦嚓……"，妹妹随着哥哥的节奏扭动身躯，嘴里唱着"小苹果"。

哥哥时而前进时而倒退走，当倒退差点踩到躺地的奶奶时，被吓得失魂落魄，自然地保护妹妹退后，说："怎么，怎么这里有个人的？"

妹妹被吓得哭了起来，藏在哥哥身后，推着哥哥说："你、你去看看嘛。"

哥哥："啊?！"但还是胆战心惊地慢慢挪了过去，趴地看奶奶的脸，见奶奶已经晕厥，被吓得弹起身往后退到妹妹身边说："不知死的，还是活的？"

妹妹依然躲在哥哥身后，抓紧哥哥的衣襟口齿不清地说："那、那、那你去摸摸！"说完，把哥哥推出去。

哥哥："啊?！不会吧！"但还是冒着可能被吓死的勇气慢慢、慢慢地一步步挪到奶奶身边，全身发抖地蹲下，把哆嗦的手伸到奶奶鼻孔前，忽然，眼前一亮，瞬间弹起身体，跑到妹妹身边，激动地说："活的……活的。有气……有气！"

妹妹："赶紧去救啊，赶紧去救啊！奶奶，奶奶，您怎么样了？"

哥哥："奶奶，奶奶。"

奶奶咳嗽两声："哎呀，哎呀。"

哥哥："不能扶，不能扶！"

妹妹："为什么啊？"

哥哥："万一，万一被讹了怎么办啊？"

奶奶微弱地呻吟，说："我，我不讹你。"说完又咳嗽两声。

哥哥："你不讹我，你家里人讹我啊。"

妹妹着急地说："那，那现在怎么办啊，怎么办啊？"

哥哥灵机一动说："有了，手机！"

妹妹："对对对，拿手机来拍下证据，快！"说完，哥哥拿出手机。

妹妹："准备好没？我数了，1、2、3……"

奶奶痛苦地呻吟着："哎哟，哎哟……"

妹妹赶忙问："奶奶，奶奶怎么样了？"说着就想靠近奶奶。

哥哥立马制止："别动！"

妹妹着急地说："又怎么了？"

哥哥："我是你亲哥，万一他说我给你做假证，那我们不是完蛋了？"

妹妹更着急了："那现在到底怎么办？天啊！怎么办啊！"一旁的奶奶更着急了。

哥哥："对了，摄像头！"

妹妹："对对对，找摄像头。快找！"说着两人去找摄像头了，留下奶奶独自忍受疼痛。

找了一圈，兄妹二人更着急了："死角！"

妹妹："那现在怎么办啊？"

哥哥："喊人！"

妹妹："对，喊人！"

兄妹二人大声喊道："救命啊！救命啊，快来人啊！"喊了半天，没人。

妹妹对着观众问："怎么办，你们大家说我们到底是扶还是不扶啊？"

部分观众："扶！"

妹妹："扶啊？好！"

妹妹说唱："我扶，我扶，我扶扶扶！"

兄妹马上跑到奶奶身边。

妹妹关心地问道："奶奶，奶奶！"

部分观众喊："不能扶！"

妹妹："又不能扶啊！"

妹妹说唱："我怕，我怕，我怕怕怕。"

奶奶悲惨地唱"北风那个吹，雪花那个飘，谁来把我救？谁来把我扶？"天这时雷鸣电闪，开始下起雨。

妹妹："不行，我们一定要有正义！"

妹妹唱："妈妈教我一支歌，这就是学习雷锋好榜样，忠于革命忠于党，爱憎分明不忘本，立场坚定斗志强，立场坚定斗志强！扶！"

兄妹勇敢地走向奶奶，扶起奶奶。

这时撞人的高考生回来了，

高考生哭着说："奶奶，奶奶，你怎么样了？人，是我撞的。"

兄妹："哦，原来是你撞的。"

高考生："我撞了她之后，我心里害怕，我就逃跑了。"

兄妹："你还会害怕呀？"

高考生："嗯！可是，我的身躯逃得了，却逃不了自己的良心啊！我爸妈也说了，撞了人就一定要负责任，做人一定要有担当！奶奶，走，我这就背您上医院去。"

回　报

编剧：刘欢

导演：刘欢

人物：父亲，母亲，姐姐，妹妹，大学生甲、乙，团委干部，企业家代表

剧情简介：

小戏剧《回报》是刘欢老师创作的情景剧《我们和你在一起》的续集，这是真实的故事，是韶关市曲江区第十届慈善晚会"圆梦大学"的

主题作品。讲述的是当年被爱心人士资助上大学的双胞胎姐妹在大学里的学习生活与心理动态，双胞胎姐妹在大学传承爱心人士的奉献精神，获得"优秀志愿者""学习标兵""最美校园清洁卫士""最佳图书管理员"等荣誉称号，姐妹花在大学学雷锋的精神得到广大师生的赞扬。在暑假，双胞胎姐妹还带一群同学回到自己的家乡，给农村的孩子开展"城乡手拉手"活动。

剧情：

音乐起。

父亲：喜鹊叫，麻雀闹。

母亲：山岭的日头照，家里的鸡鸭鹅猪嘎嘎叫。

父亲、母亲：难道有什么喜事要来到？

母亲：对，大喜事，好欢喜，咱家的双胞胎大学生——

父亲、母亲：今日放假回家转！

父亲：老太婆，这个鸡绑好了没有？

母亲：绑好了！那个双黄鸭蛋染红了没有！

父亲：红扑扑，亮闪闪，就等女儿回来尝。

母亲：蜜蜂茶、大西瓜、香瓜子、炸河虾，女儿女儿快回家，父母盼你盼了一年了。

父亲：一年了。

汽车响，音乐起。

姐姐、妹妹：回到家，好欢喜，青山绿水笑盈盈。

姐姐：同学们，这就是我们家，曲江的社会主义新农村，我们假期的助教点。

同学：好呀，好呀，我终于来到农村了。呀，你们的家乡可真漂亮。

姐姐：一年没回家，常把家牵挂，父母还好吗？

妹妹：求学路上艰辛多，边搞学习边劳作，勤工俭学靠自己，转眼就是一年多。

进门。

姐姐：爸爸！妈妈！

妹妹：阿爸！阿妈！

妈妈：哎呀，真是你们回来了。

爸爸：欢迎！欢迎！家里的凤凰回窝了。

妈妈：这几位是？

妹妹：是我们的同学，同班同学，假期来实习支教的，体验农村学校生活，帮扶农村贫困学生。

姐姐：他们是来打前站的，大批的同学还在后面哪。

大学生甲：伯伯好！伯母好！

大学生乙：我们来向你们学习啦。

父亲：我来问下你们的学习成绩。

姐姐、妹妹：麻麻哋……

大学生：非常好！

父亲：那纪律呢？

大学生：非常好！

姐姐、妹妹：偷偷鸡……

母亲：哎呀，妹子，不得了啊！那……那……生活呢？

姐姐、妹妹：很滋润！

大学生：很艰苦！

父母：哎呀，哎呀，你们说的怎么都不一样，到底是？

（生气）白白送你们去读书了。

姐姐、妹妹：阿爸，阿妈，你们听我说。

父亲、母亲：我不听！不听！

大学生：（会意地）大伯，大妈，你们听我们解释吧。

姐妹两个不容易。

读大学学习靠自己。

白天上课认真听。

晚上还去勤工俭学做事情。

讲学习，成绩优，三好学生争第一。

讲品质，品德好，帮助困难同学献血助困样样有。

国家贫困助学帮大忙，安心学习报效家乡有希望。

爱心人士点点滴滴助学款，给更加困难同学解决生活难。

你们的女儿姐妹花，校园师生到处人人夸。

父亲、母亲：（高兴）原来是这样。我们的女儿，哈哈……没有变。

姐姐、妹妹：阿爸！阿妈！

团委干部、企业家代表上。

团委干部、企业家代表：大伯大妈，姐妹们，我们来看你们啦！

父亲、母亲：哎呀，恩人来了，快请坐！姐妹两个，快上茶，上蜜蜂茶！

团委干部：大伯，听说我们的大学生今天回来了，我们很高兴，我们也想知道，我们的帮扶对象情况怎样，要向我们的爱心人士有个交代。

姐姐、妹妹：我们很好。

大学生：领导，他们的表现非常优秀，你们看。

大家：奖状？

众人：学习标兵，军训先进个人，最佳图书管理员，最美校园清洁卫士。

父亲、母亲：咦，这个是？

大学生：福利院老人的感谢信，感谢她们学雷锋！

企业家代表：这下我可放心了，我们的目的达到了，资助一家，带动一片，爱心传递，生生不息。

父亲、母亲：对，别人帮助我们，我们也要回报社会，帮助那些更困难的人。

团委干部：共青团，爱青年，同相助，手拉手，有困难，党和社会来相助。

大家：对，全社会，齐齐心，圆梦大学，社会爱心相帮，天下同心。

歌曲起。

我是志愿者

编剧：刘欢

导演：刘欢

演员：自由职业者、学生、医生、老人、老师、志愿者

作品简介：

本作品是曲江区第二届慈善晚会"圆梦大学"的主题作品，由刘欢老师根据曲江区志愿者的实际工作进行编剧和导演。本作品通过精彩的情景表演，传递了志愿者们的大爱精神，传承了志愿者的伟大事业。

剧情：

自由职业者：我来自曲江，自由职业者。

学生：我是一个在校大学生，来自农村，我的家乡风景优美，但非常贫困。

医生：我是医务工作者，每天看着生命诞生，看着生命离我而去。而且看惯了，更懂得珍惜。

老师：学校是我工作的地方，课堂是我播撒爱的土壤，孩子是我的最爱。

老人：退休啦，突然就闲了下来。孩子大了，孙子又不在身边。你说什么？跳广场舞？那是晚上的事情，白天呢，我有事儿做。

志愿者：团委干部、公务员还兼任一个社团的组织者，志愿者协会的秘书长，我们有一个共同的身份——志愿者。

自由职业者：志愿者，我是2009年的老成员，刚成立的时候，我是第一批报名的人。

学生：我是被志愿者帮助过，考上了大学，可家里面没有钱供我读

书。志愿者协会帮助了我，如今我成了协会的一员，爱心接力的一个新成员。

医生：我当然是志愿者。人的一生，生老病死，那个帮忙的人怎么能少得了我？我和我的同事们都是志愿者。

老师：到2015年的今天，我们区注册志愿者13009人。我是其中的一个。我觉得孤独了一些，人少了些，你能加入我们的队伍吗？我热切地等待。

老人：对了，晚上我是热情如火、魅力四射的广场舞大叔，到了白天我就是和风细雨、温柔体贴的老人院义工。

自由职业者：他们是曲江区志愿者协会的志愿者。

志愿者：我是志愿者。

学生：我追随着志愿者，并与他们共同前行。

医生：我们全家都是志愿者。物质世界丰富，更需要精神食粮。志愿者协会是我们的精神家园。

老师：我，自愿加入志愿者协会。

学生：志愿者协会温暖彼此。

志愿者：我们都是志愿者。

合：我们都是志愿者。

志愿者：志和愿，两个字，都有一颗心。

合：当心和心更加靠近，当心和心相通。当心手相连，城市的脉搏就会更强劲。人与人加人人，就变成了众人。众人、奉献、友爱、互助、进步的志愿精神，让社会更和谐。众人、奉献、友爱、互助、进步的志愿精神，让生活更美好！

志愿者：从2009年9月26日，曲江区志愿者协会成立到现在，协会共有注册志愿者13009人，这13009人是协会的骨干，更有许多的人参与协会的各项爱心活动，没有留下姓名，只留下善举。

医生：我们的成员在短短6年间开展各类志愿者服务活动265次，平均每年45次，几乎是每个月4次，参加活动志愿者达到69150人次。

老师：69150人次，让我们记住这个数字，记住这些人，这些熟悉的面孔。

学生：这些参加活动的志愿者来自我们曲江的各个层面，他们各有各的工作，各有各的家庭，各有各的困难，但他们来了，来得义无反顾，有全家一起来的，带着儿女来的，领着邻居同事来的，茫茫人海，他们向着一个方向走来。

医生：他们来了，他们来了，不是一个人，而是一个团体，一个企业，一个有着社会责任和人性关爱的团队。

学生：爱心助学志愿者协会筹集资金1085万元，资助5913名贫困家庭的孩子。

老师：这5913名孩子是受惠者，更是爱心的传递者。他们长大以后都以各种形式回报社会，志愿者成全了他们，更培育了他们。

医生：为了让贫困白内障患者重见光明，学会筹集资金156万元，为1130名贫困白内障患者免费做了复明手术。

自由职业者：久违的太阳，模糊的脸庞，家乡的青山绿水，当这些患者重见光，再次看到这些景象的时候，也正是他们新生活开始的时候。

志愿者：我们了解到，城区及农村医疗卫生设施落后，我们多方筹措，向区人民医院、乡镇卫生院、卫生站等31家医疗机构捐赠医疗设备，金额达243万元。

学生：志愿者协会还管种树呢。我们种树2004亩，投入金额达169万元，曲江的绿化造林有着志愿者亲手种下的棵棵幼苗和绿色希望。

医生：有一个群体特别需要我们关爱。对，就是老人，为了改善敬老院孤寡老人、五保户的生活质量，我们为敬老院捐赠健身器材、电器等设施设备。当这些做法换来老人们的欢笑声时，我想，当我老了，新一批的志愿者还会来吗？

合：叔叔，我们会来的。

老人：我呀，天天都在那里工作，带新徒弟，新的志愿者一定会为你提供五星级的服务。

合：对，五星级的服务。

老师：我们志愿者协会还有心理咨询、大型公益活动、社区服务等公益活动。

自由职业者：哎哎，要这样数这样说，到明天晚上也说不完。

志愿者：志愿服务，我们在行动。

学生：志愿者协会，你我他共同参与。

医生：奉献、友爱、互助、进步！

老师：奉献、友爱、互助、进步！

学生：向无私无畏的志愿者敬礼！

志愿者：向曲江志愿者协会敬礼！

合：向心有大爱，奉献、友爱、互助、进步的志愿者们敬礼！

感动曲江，永不停息

作者：刘欢

编导：刘欢

演员：刘欢、学生1、学生2、学生3、学生4、一群学生。

作品简介：

这是"曲江首届道德模范颁奖典礼晚会"的主题作品，由刘欢老师创作、编排和主演。作品形式为校园情景剧，通过刘欢老师和一群学生的真实演绎，精彩展现了曲江一个道德模范的传承故事！道德模范是榜样的力量，孩子的健康心理需要榜样的引领和爱的渲染。感动曲江，永不停息！

剧情：

刘欢（诵）：当您老了，头发白了，我依然慢慢地诵读，梦忆您那双柔和，倒影深深，专属道德模范的双眸。

当您老了，我也老了，但，我依然像现在一样，坐在孩子们的中间，讲述着您的感人事迹，我还会像今晚一样，一路为您放歌！

当我老了，回过头来，我能看到那一群群可爱的孩子，从系着红领巾开始，就成了今天的您！

学生1：老师，我来啦！（一个）

学生2、3：老师，我们也来啦！（两个）

一群学生：老师，我们都来了！（一群）

刘欢：太好了！孩子们，来，我们先给大家打个招呼。

学生齐：大家好！我们是曲江"美德少年"的代表，是曲江道德模范的传承人！

学生1：刘欢老师，您还记得您在课堂上对我们说过的一句话吗？您说"做人一定要懂得感恩"！

学生2：您还说"父母和长辈是我们的上帝，而不是奴隶"！

刘欢：记得！记得！我都记得！

学生1：从那时候起，我就深深地把它牢记了！我要用行动感恩我的父母长辈，感恩老师同学，感恩身边给予我们关爱的每一个人！

刘欢：孩子，我还记得你是你们班上第一个站起来说，要见义勇为的那个孩子！

学生1：对！对！对！我就是班上第一个站起来说，要见义勇为的那个孩子！如果有一天，当意外真的发生在我身边的时候，我也会像朱毅哥哥他们一样，机智、勇敢地去救人！

学生2：您还说，让我们做诚实守信的人。

刘欢：是啊！诚实守信是一个人的道德底线！

学生3、4：老师，我们也要做一个乐于助人、敬业奉献的人，因为这样就可以幸福别人，快乐自己！

刘欢：孩子们，老师还希望你们做一个孝老爱亲的孩子，当有一天，我们的父母长辈老了，眼睛也看不清了，我们就是他们的眼，告诉他们，世界依然美好，身边都是好人！

刘欢：亲爱的道德模范，请您放心，当您老了，这里有一群群您可爱的接班人，感动曲江，永不停息！

师生齐：感动曲江，永不停息！

四、朗诵

我要读书！中国，加油！

作者：韶关市曲江初级中学　刘欢

朗诵者：韶关市曲江初级中学八年级（23）班

　　　　　刘欢　邓剑云　黄清华(学生)　袁晓彤(学生)

刘欢：我是韶关市曲江初级中学的一名人民教师。

邓剑云：我也是曲江初级中学的一名人民教师。

袁晓彤：我是这两位老师的学生。

黄清华：他们俩是我们的班主任。

袁晓彤：不记得两位班主任多少次唠叨要我们一定要好好读书。

黄清华：对！他们激励我们要不负韶华、奋斗青春，长大后可以为曲江建设美好的家园。

刘欢：同学们，我们不仅希望你们将来可以为曲江这片生你养你的土地做贡献，更希望你们可以向钟南山院士学习！

刘欢：学习他20多岁在名牌大学毕业挥洒青春的坚定毅力！

邓剑云：学习他40多岁赴英国进修奋斗的拼搏精神！

刘欢：学习他60多岁带领医护工作者抗击非典的英勇步伐！

刘欢：学习他80多岁依然挂帅亲征，赶到武汉，与"冠状病毒"作斗争！

袁晓彤：老师，我终于懂了！

袁晓彤：在疫情的面前，我也终于读懂你们为什么天天唠叨要我们努力读书。

袁晓彤：是让我们要像钟爷爷那样，做一个有知识的人。

邓剑云：对！因为知识不仅能改变我们的生活，还能救人于水火。

刘欢：同学们，你们知道吗？当危险来临的时候，我们不是害怕，而是要用自己的知识去战胜病魔，挽救生命。

袁晓彤：老师，我们知道了。

袁晓彤：学好科学知识，不仅对个人有利，还对国家有利。

黄清华：知识就是力量。

邓剑云：知识就是第一生产力。

刘欢：国家与国家之间的竞争就是人才的竞争。

袁晓彤：我要读书！

黄清华：我也要读书！

齐：我们都要读书！

邓剑云：读书是一种责任！

袁晓彤：我们是祖国的未来！

黄清华：我们是共产主义接班人！

刘欢：我们教师的职业是太阳底下最光辉的职业——教师，是人类灵魂的工程师！

邓剑云：国家兴亡匹夫有责！

袁晓彤：少年强则国强！

黄清华：少年智则国智！

刘欢：武汉加油！

师生齐：中国加油！

参考文献

[1]陈虹.中国中小学心理健康教育发展特色[J].中小学心理健康教育,2017(36):44-49.

[2]殷永强,牛卓.中小学心理健康教育实践研究[M].咸阳:西北农林科技大学出版社,2017.

[3]段志忠,邹满丽,滕为兵.教育管理与学生心理健康[M].长春:吉林人民出版社,2017.

[4]方展画.心理健康[M].杭州:浙江教育出版社,2017.

[5]李国强,谢平英.心理健康教育课程设计与开发[M].湘潭:湘潭大学出版社,2017.

[6]董泽松,张大均.中学生心理素质的影响因素研究[M].武汉:华中科技大学出版社,2017.

[7]陈仙梅.学生心理与教育研究[M].杭州:浙江大学出版社,2017.

[8]陈燕.中小学音乐教育探索[M].北京:华龄出版社,2017.

[9]金奉.提升中小学音乐核心素养教学实践策略[M].昆明:云南人民出版社,2017.

[10]熊伊.音乐艺术与音乐教育[M].北京:光明日报出版社,2017.

[11]喻意.中小学音乐创造力教学的理论与实践[M].北京:人民音乐出版社,2018.

[12]张荣辉.中小学音乐教育探索[M].北京:华龄出版社,2018.

［13］曹丽艳.中小学音乐教学法［M］.长春:吉林大学出版社,2018.

［14］朱润莲,杨明亮,唐锦梅.中小学音乐教学与合唱训练［M］.延吉:延边大学出版社,2018.

［15］胡樱平.中小学音乐教育与教学研究［M］.北京:中国发展出版社,2018.

［16］成露露.追寻卓越的足迹中小学音乐［M］.长春:东北师范大学出版社,2018.

［17］丁珺.五声调式与音乐治疗［M］.北京:北京工业大学出版社,2018.

［18］赵小明.本土化音乐治疗与实操［M］.哈尔滨:北方文艺出版社,2018.

［19］朱翼宇,任重.音乐心理与音乐治疗［M］.成都:电子科技大学出版社,2018.

［20］邓炜,周建跃.音乐治疗与健康同行［M］.长春:吉林科学技术出版社,2018.

［21］陈俊伊.音乐与健康［M］.北京:知识产权出版社,2018.

［22］叶培结,万弋琳.音乐治疗与身心健康［M］.长春:吉林大学出版社,2019.

［23］范尧.音乐治疗［M］.北京:人民卫生出版社,2019.

［24］毛羽.音乐心理与音乐治疗［M］.北京:中国原子能出版社,2019.

［25］马夕然.正念音乐治疗的模式［M］.北京:人民音乐出版社,2019.

［26］金野.特殊儿童可视音乐治疗的理论与方法［M］.长春:东北师范大学出版社,2019.

［27］张勇.中国传统音乐治疗理论与方法体系研究［M］.北京:人民出版社,2019.

［28］邓颖贞.中小学音乐教育教学［M］.太原:山西经济出版社,2019.

［29］王凤,赵莉,刘洁.中小学音乐教育发展与改革［M］.长春:吉林大学出版社,2019.

［30］胡樱平.中小学音乐教育与教学［M］.沈阳:辽宁大学出版社,
2019.

［31］谢国刚.小学音乐教学中学生创新能力的培养与实践［M］.北京/
西安:世界图书出版公司,2019.

［32］王艺蓓.音乐教育与实践探究［M］.长春:吉林人民出版社,2019.

音乐润泽心灵